Couvertures supérieure et intérieure
manquantes.

LA RUSSIE

ET L'EXPOSITION DE 1878

A LA MÊME LIBRAIRIE

LES PAYS ÉTRANGERS ET L'EXPOSITION DE 1878

Collection de dix-huit volumes in-12 (avec plans et cartes), comprenant l'histoire, la géographie, la statistique des divers pays, la description des œuvres et des produits qu'ils ont exposés.

Prix de chaque volume : 2 francs.

BELGIQUE, par *Clovis Lamarre*, docteur ès lettres, administrateur de Sainte-Barbe... 1 vol.
AMÉRIQUE CENTRALE ET MÉRIDIONALE, par *C. Lamarre* et *Charles Wiener*, chevalier de la Légion d'honneur, commissaire de l'Exposition. 1 vol.
ANGLETERRE, par *C. Lamarre* et *L. Pajot*, licencié ès lettres, archiviste paléographe... 1 vol.
AUTRICHE-HONGRIE, par *C. Lamarre*, *Henry Wiener*, secrétaire du Consulat d'Autriche, et *P. Demeny*, attaché au min. de l'Intérieur. 1 vol.
CHINE ET JAPON, par *C. Lamarre* et *Ad. Frout de Fontpertuis*.. 1 vol.
ÉGYPTE, TUNISIE ET MAROC, par *C. Lamarre* et *Ch. Fliniaux*, avocat au Conseil d'État et à la Cour de cassation................... 1 vol.
ESPAGNE, par *C. Lamarre* et *L. Lande*, agrégé de l'Université, ancien élève de l'École normale supérieure, professeur à Sainte-Barbe. 1 vol.
ÉTATS UNIS, par *C. Lamarre* et *René de La Blanchère*, ancien élève de l'École normale supérieure... 1 vol.
GRÈCE, par *C. Lamarre* et *marquis de Queux de Saint Hilaire*, secrétaire de l'Association pour l'encouragement des études grecques..
DANEMARK, par *C. Lamarre* et *Berendsen*, de l'Université de Copenhague... } 1 vol.
INDE BRITANNIQUE, par *C. Lamarre* et *Ad. Frout de Fontpertuis*. 1 vol.
ITALIE, par *C. Lamarre* et *Amédée Roux*......................... 1 vol.
PAYS-BAS, par *C. Lamarre* et *René de La Blanchère*............ 1 vol.
PERSE, par *C. Lamarre*, *Sakakini*, consul de Perse en Italie, et *Pharaon*, chevalier de la Légion d'honneur.................. } 1 vol.
SIAM ET CAMBODGE, par *C. Lamarre* et *Ad. Frout de Fontpertuis*.
PORTUGAL, par *C. Lamarre* et *G. Lamy*, professeur d'histoire de l'Académie de Paris.. 1 vol.
RUSSIE, par *C. Lamarre* et *L. Léger*, docteur ès lettres, professeur à l'École des langues orientales.................................. 1 vol.
SUÈDE ET NORVÈGE, par *C. Lamarre* et *L. Gourraigne*, agrégé de l'Université, ancien élève de l'École normale supérieure, professeur au collège Rollin.. 1 vol.
SUISSE, par *C. Lamarre* et *Ed. Zévort*, agrégé de l'Université, ancien élève de l'École normale supérieure, professeur au lycée Henri IV. 1 vol.
LA PROPRIÉTÉ INDUSTRIELLE ET LA PROPRIÉTÉ LITTÉRAIRE ET ARTISTIQUE EN FRANCE ET A L'ÉTRANGER, par *Ch. Fliniaux*, avocat au Conseil d'État et à la Cour de cassation................................ 1 vol.

Coulommiers. — Typog. ALBERT PONSOT et P. BRODARD.

LES PAYS ÉTRANGERS ET L'EXPOSITION DE 1878

LA RUSSIE

ET L'EXPOSITION DE 1878

PAR

Clovis LAMARRE
Docteur ès lettres,
Administrateur de Sainte-Barbe.

Louis LÉGER
Docteur ès lettres, Professeur à
l'école des langues orientales.

PARIS
LIBRAIRIE CH. DELAGRAVE
15, RUE SOUFFLOT, 15

1878

Tout exemplaire de cet ouvrage non revêtu de ma griffe sera réputé contrefait.

Charles Delagrave

LES PAYS ÉTRANGERS

ET

L'EXPOSITION DE 1878

AVANT-PROPOS

Les Français, en aucun temps, ne se sont expatriés facilement, et jamais, sauf de rares exceptions, les grands voyages, les séjours de longue durée dans les pays étrangers ne les ont beaucoup tentés : la beauté, le climat tempéré, la civilisation et les richesses de la France les y retiennent naturellement fixés.

Cependant, au milieu du siècle où nous vivons, alors que la vapeur et l'électricité viennent de triompher de l'espace et du temps et que, par suite de cette révolution universelle, la rapidité toute récente des relations fait tomber l'une après l'autre les anciennes barrières qui séparaient les peuples, il semble s'être glissé tout à coup au cœur de l'humanité un immense désir de s'étudier elle-même et de se connaître tout entière. Le succès inouï de l'Exposition de 1878 n'est-il pas la preuve la plus manifeste de cette tendance qu'ont aujourd'hui toutes les nations à mettre en commun leurs industries, leurs sciences, leurs arts, leurs pensées, pour faire vivre la grande famille humaine d'une seule et même vie ? Et dans cet ensemble merveilleux, que n'auraient pu rêver les esprits les plus utopistes du siècle dernier, n'est-il pas probable que l'avenir réservera le premier rang, avec la plus grande prospérité, à celui des peuples de la terre qui en sera le plus savant, à celui qui aura le mieux étudié et compris tous les autres ?

Aussi avec quel soin scrupuleux, dans ces dernières années, n'a-t-on pas dirigé la jeunesse française vers l'étude des pays étrangers ! Des ministres de l'Instruction publique, aux idées les plus larges, M. Duruy, M. J. Simon, M. Waddington, M. Bardoux, n'ont rien négligé pour inspirer aux jeunes gens de nos écoles le goût des langues vivantes et de la géographie, qui doit amener celui des voyages et qui précède nécessairement l'étude approfondie des caractères et des institutions des peuples. A tous ces chefs de l'enseignement de l'État se sont vivement unis les directeurs les plus éminents de l'enseignement libre. En ce moment même, l'heureuse innovation introduite par M. Dubief dans le plus grand et le plus florissant des établissements libres et laïques permet à des divisions entières d'élèves barbistes d'aller passer, chaque année, plusieurs mois consécutifs dans certaines villes d'Allemagne et d'Angleterre; en même temps qu'ils y apprennent par la pratique les idiomes dont ils ont vu la grammaire, ils acquièrent, dans la familiarité de la vie quotidienne, certaines notions exactes sur les peuples au milieu desquels ils vivent momentanément; des horizons nouveaux s'ouvrent à leurs esprits; ils sont étonnés d'apprendre beaucoup hors du pays natal, et ils comprennent déjà que la satisfaction intime qu'éprouve tout homme qui s'instruit leur deviendra dans la suite d'autant plus sensible qu'ils la rechercheront plus souvent.

L'œuvre à laquelle travaillent ainsi les maîtres les plus autorisés de l'instruction publique est une œuvre essentiellement nationale. La France vient de montrer, durant plusieurs années, dans la gestion de ses affaires intérieures, un sang-froid, une prudence, un esprit de conduite qu'on ne lui connaissait pas; la jeunesse, que prépare son enseignement progressif, peut encore être dotée de qualités nouvelles pour la vie extérieure, afin de se tenir prête à profiter des grandes relations internationales que réserve aux peuples qui travaillent un temps tout à fait prochain.

Le caractère patriotique d'une telle œuvre nous a profondément ému, et, dans la mesure modeste de nos forces, nous avons voulu essayer d'y contribuer pour notre faible part. Il nous a semblé que l'Exposition universelle fournissait une excellente occasion d'offrir à la jeunesse studieuse, dans un cadre relativement restreint, toute une encyclopédie des pays étrangers.

Prendre chaque nation en particulier et l'examiner sous toutes les faces ; exposer un aperçu général de son histoire depuis les temps les plus reculés jusqu'à nos jours en nous attachant surtout à la liaison rationnelle des grands faits qui se sont succédé ; étudier ses institutions, son gouvernement, sa statistique ; décrire le sol qu'elle occupe, les provinces qui la composent, les villes où se sont concentrées et sa force commerciale et sa vie intellectuelle; montrer, par la part qu'elle prend à l'Exposition, le degré plus ou moins élevé de perfection qu'ont atteint chez elle les beaux-arts, l'enseignement public, les produits de la science et de l'activité de l'homme : voilà le plan qui se déroulait devant nous. Et l'ensemble de notre travail embrassait du même coup l'histoire universelle des peuples, la description détaillée du globe, le spectacle grandiose de toutes les richesses de la terre réunies aux découvertes et à toutes les manifestations de l'esprit humain !

Il fallait résumer le développement de ce programme en une vingtaine de volumes d'une lecture aussi facile que possible. Nous voulions en outre les terminer assez tôt pour que nos lecteurs les reçussent au complet dans le temps même de l'Exposition et pussent alors entreprendre avec nous un voyage instructif autour du monde, dans les palais du Champ de Mars et du Trocadéro.

Dans de telles conditions, une pareille tâche nous eût certainement effrayé, si nous n'avions eu la bonne fortune de trouver des collaborateurs intelligents et pleins d'ardeur, ayant fait de longue date une étude spéciale des matières qu'il s'agissait de traiter. Des professeurs agrégés de l'Université, anciens élèves de l'École normale supérieure; des écrivains de la *Revue des Deux-Mondes*, connus par leurs sérieuses publications; des savants ayant acquis, par l'intelligence des langues et par leurs longs voyages, la connaissance exacte des pays les plus lointains, ont bien voulu nous prêter leur précieux concours. En même temps, la bienveillance que nous avons rencontrée partout, les documents que nous ont fournis les ambassades, les consulats, les commissariats des sections étrangères de l'Exposition, nous ont été d'une aide inappréciable dans les nombreuses recherches que nécessitait notre travail. Enfin, un éditeur actif, qui s'est offert à nous spontanément, nous a rendu le service de triompher des difficultés imprévues que créait la grève des ouvriers de l'imprimerie parisienne.

Puissent nos intentions et tant de bonnes volontés ne pas rester stériles! Puissions-nous atteindre le but que nous nous sommes proposé : donner à nos lecteurs, aux jeunes gens des écoles surtout, une idée assez nette des nations étrangères pour qu'ils en apprécient désormais les divers mérites et qu'ils se sentent, après nous avoir lu, un désir beaucoup plus vif de les voir, de les étudier, de les connaître par eux-mêmes!

Clovis Lamarre.

Le 31 mai 1878.

LA RUSSIE
ET L'EXPOSITION DE 1878

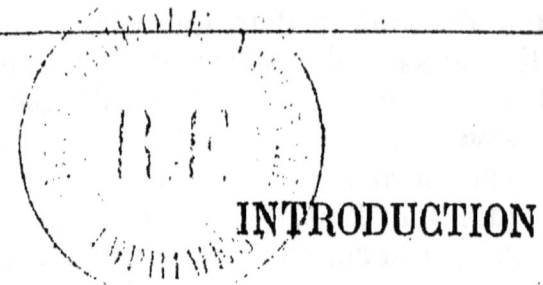

INTRODUCTION

SUR LE GOUVERNEMENT ET LA STATISTIQUE

ÉTENDUE DE L'EMPIRE; POPULATION. — L'empire russe est actuellement le plus vaste de l'Europe et l'un des plus vastes du monde; il ne comprend pas moins de 22,178,258 kilomètres carrés, avec une population d'environ 90,000,000 d'habitants. Sa surface est égale au sixième de celle des continents, au tiers de l'Europe et de l'Asie réunies; sa population forme 6,4 0/0 de la population totale du globe. Sur ce chiffre de 90,000,000, 67,365,900 appartiennent à la Russie européenne proprement dite, 6,391,366 au royaume de Pologne, 1,832,138 à la Finlande, le reste au Caucase, à la Sibérie et à l'Asie centrale. On verra plus loin, dans la description géographique, comment cette population est distribuée, entre quelles nationalités elle est répartie.

GOUVERNEMENT ; ADMINISTRATION. — La forme du gouvernement est, sauf dans le grand-duché de Finlande, l'absolutisme monarchique; le souverain, qui porte le titre d'empereur, est assisté par :

1° Un conseil de l'empire (comprenant un département de législation, un département des affaires civiles et ecclésiastiques, un département économique) ;

2° Une chancellerie de l'empire (à laquelle est rattachée une section spéciale pour les affaires rurales) ;

3° Un sénat dirigeant, dont les membres sont nommés par l'empereur;

4° Une chancellerie privée ;

5° Un conseil des ministres, comprenant les ministères : 1° de la cour, 2° des affaires étrangères, 3° de la guerre, 4° de la marine, 5° de l'intérieur, 6° de l'instruction publique, 7° des finances, 8° des domaines de l'État, 9° de la justice, 10° des voies et communications, 11° du contrôle.

L'administration de l'empire est exercée par : un lieutenant général (pour le Caucase); huit gouverneurs généraux établis à Varsovie, Vilna, Kiev, dans la Sibérie orientale et occidentale, à Moscou, à Orenbourg et au Turkestan, et 72 gouverneurs, dont 63 pour la Russie européenne et 9 pour le Caucase. Il y a en outre dans la Sibérie et l'Asie centrale dix commandants de territoires. La Finlande a une organisation particulière.

Justice. — La justice a pour organes : 1° une section du sénat qui fonctionne comme cour de cassation, la cour d'assises avec le jury, les tribunaux de première et de seconde instance, les justices de paix, les tribunaux ruraux, et les tribunaux de commerce.

Cultes. — La population totale de l'empire russe se répartit entre différents cultes de la manière suivante :

La population orthodoxe (du rite grec) comprend environ 57 millions d'adhérents. Sur ce nombre, beaucoup appartiennent secrètement aux sectes des raskolniks ou vieux croyants.

Les catholiques sont au nombre de 7,494,516, les protestants de 2,683,303, les Juifs de 2,759,811, les mahométans de 2,364,084.

L'Église orthodoxe est gouvernée par le Saint-Synode, qui a son siége à Saint-Pétersbourg ; elle correspond avec le souverain par l'intermédiaire du procureur général. L'Église catholique, qui ne peut correspondre directement avec Rome, est administrée par le Collége catholique romain établi à Saint-Pétersbourg, l'Église luthérienne par un Consistoire général. L'Église orthodoxe compte 59 évêchés ou archevêchés ; le clergé reçoit l'instruction religieuse dans 243 établissements (académies théologiques, séminaires, écoles) qui ont un total de 40,596 élèves. Les académies théologiques, au nombre de 4, sont établies à Pétersbourg, à Kiev, à Kazan et au monastère de Troïtsa, près de Moscou.

Instruction publique. — Les établissements d'instruction publique actuellement existants en Russie sont les suivants :

8 universités établies à Pétersbourg, Moscou, Kazan, Kharkov, Odessa, Kiev, Dorpat et Varsovie (sans compter celle d'Helsingfors en Finlande, qui ne dépend pas du ministère de l'instruction publique);

5 lycées ou collèges, sortes d'établissements d'enseignement secondaire supérieur;

125 gymnases, 69 progymnases et 33,936 écoles primaires.

A côté de ces établissements, il faut placer les écoles *réales*, agricoles, industrielles, artistiques, musicales, commerciales, etc., les séminaires ou écoles normales pour les instituteurs (au nombre de 58), les écoles dépendant du ministère de la guerre, les écoles ecclésiastiques qui dépendent des paroisses, les gymnases pour les femmes, qui sont mieux organisés en Russie que partout ailleurs. L'instruction primaire a encore de grands progrès à accomplir; on compte que l'école n'est encore fréquentée que par un douzième de la population scolaire (un garçon sur 7, une fille sur 35).

Parmi les établissements scientifiques, dont le nombre augmente chaque jour, nous ne citerons ici que l'Académie impériale et la Bibliothèque impériale de Saint-Pétersbourg.

La presse russe est soumise à la censure. Il y a une censure spéciale pour les publications ayant un caractère religieux. Il y a un comité de censure à Pétersbourg, à Moscou, à Riga, à Odessa et à Varsovie. Il y a en outre des censeurs à Odessa, Riga, Dorpat, Revel, Mitau, Kazan, Vilna, Kiev.

Le total des publications périodiques, en langue russe, y compris les journaux, est de 160, dont 106 pour Pétersbourg, 22 pour Moscou et le reste pour la province. En 1876, le total des publications en langue russe s'est élevé à 2,731.

Armée. — L'armée russe a été réorganisée en 1872 ; le service dure quinze ans, dont on passe six en activité et neuf dans la réserve ; les jeunes gens des classes supérieures peuvent, à partir de dix-sept ans, faire un volontariat qui les dispense d'un trop long séjour sous les drapeaux et leur assure le grade d'officiers de réserve. Ceux qui ont passé par les universités ne servent que six mois ; ceux qui ont passé par les gymnases, dix-huit mois. Les élèves des écoles primaires supérieures servent trois ans ; ceux qui ont passé par l'école primaire, quatre ans. Sur le pied de paix, l'armée russe régulière comprend 852 bataillons, 281 escadrons, 1,422 canons, avec 33,043 officiers et 732,829 hommes ; sur le pied de guerre, 39,000 officiers et 1,173,870 hommes. A côté de ces troupes régulières, la Russie possède une armée irrégulière, qui lui fournit 129,000 hommes d'excellente cavalerie. Les Cosaques qui habitent les côtes de la mer Noire ne payent aucun impôt au gouvernement ; ils s'entretiennent à leurs frais et sont payés durant les expéditions en dehors des frontières. Les derniers événements d'Orient ont suffisamment attesté la force de l'armée russe.

MARINE. — La marine russe, conformément aux nécessités de la situation géographique, se divise en deux flottes, celle de la Baltique et celle de la mer Noire. La flotte de la Baltique comprend 137 vaisseaux, dont 27 cuirassés, 44 vapeurs et 66 transports ; la flotte de la mer Noire comprend 31 vaisseaux, dont deux cuirassés, 25 vapeurs et 4 transports. Il y a en outre une flottille de la mer Caspienne avec 11 vapeurs et 8 transports, une flottille de l'Aral avec 6 vapeurs, une flottille de Sibérie comprenant 15 vapeurs et 21 transports. Ces bâtiments sont armés d'environ 600 canons.

Cette marine est commandée par 17 amiraux, 32 vice-amiraux, 31 contre-amiraux. Elle est servie par 4,000 officiers et 25,950 soldats ou matelots. La durée du service naval est de neuf ans, dont sept dans l'activité et deux dans la réserve.

FINANCES. — La Russie n'ayant pas de monnaie métallique, et les transactions ayant lieu en papier-monnaie, on ne saurait réduire en francs le chiffre de ses dépenses ou de ses revenus. Le rouble-papier vaut théoriquement 4 francs; avant la guerre, il valait dans la pratique 3 fr. 40; pendant la guerre, il a baissé jusqu'à 2 fr. 40. Il faut donc, pour convertir les chiffres russes en francs, rechercher quelle était la valeur du rouble au moment où a eu lieu telle ou telle opération.

En 1877, le revenu total de l'État s'est élevé à 570,777,802 roubles, dont 118,671,251 pour l'impôt foncier, 14,946,000 pour les patentes, 192,544,160 provenant de l'impôt sur les boissons, 11,132,577 de l'impôt sur le sel, 10,626,000 de l'impôt sur le tabac, 57,516,000 du revenu des douanes, 29,953,301 des domaines de la Couronne, le reste de revenus divers (obligations de chemins de fer, postes, télégraphes, etc.). Le total des dépenses a été de 570,769,280 roubles, ce qui donne un excédant insignifiant de 8,552 roubles. Sur cette somme, 75,605,515 roubles ont été appliqués au service de la dette publique, 32,052,356 à celui des obligations de chemins de fer; 10,145,442 ont été dépensés pour le Saint-Synode, 9,055,574 pour le ministère de la cour, 2,974,569 pour les affaires étrangères, 181,532,505 pour l'armée, 24,868,785 pour la flotte, 66,682,976 pour les finances, 53,210,070 pour le ministère de l'intérieur, 15,729,260 pour l'instruction publique, 18,563,781 pour les voies et communications, 14,785,257 pour la justice. En examinant la série des budgets russes depuis 1870, on voit que celui de l'instruction publique est celui qui a subi le plus fort accroissement. Il s'est accru de 35 0/0 depuis cette époque.

Le total de la dette de l'État et des chemins de fer russes était à la fin de l'année 1877 de 7,267,005,496 francs.

Commerce. — Le commerce se développe de plus en plus en Russie ; les chemins de fer se multiplient ; on en compte aujourd'hui plus de 20,000 kilomètres ; les fleuves, complétés par un système de canaux, fournissent plus de 30,000 kilomètres de voies navigables. Par sa situation, la Russie est appelée à commercer directement avec l'Europe d'une part, avec l'Asie de l'autre ; elle fournit à l'Asie centrale certains produits de son industrie ; elle envoie surtout à l'Europe les céréales et les matières premières qu'un sol riche et fécond fournit en abondance. En 1875, le chiffre des exportations s'est élevé à 1,527,868,000 francs (céréales, chanvre, lin, graines oléagineuses, bétail, soie de porc, cuirs, métaux bruts, graphite, etc.). Les importations se sont élevées à la somme de 2,144,224,000 francs. Les principaux objets importés sont les machines, les métaux ouvragés, les vins, les cafés, les couleurs, les cotons, laines, étoffes, et en général les produits manufacturés.

La marine marchande compte 1,785 navires à voiles jaugeant 391 tonnes et 151 vapeurs jaugeant 106,000 tonnes. Les pays avec lesquels la Russie fait le plus grand commerce sont l'Allemagne et l'Angleterre.

GRAND-DUCHÉ DE FINLANDE. — Le grand-duché de Finlande forme un État particulier dans l'État russe ; c'est la seule contrée qui ne soit pas assimilée aux autres provinces russes au point de vue de la langue et de l'administration. Le souverain a le titre de grand-duc ; elle est administrée par un gouverneur général assisté d'un sénat dont les membres, au nombre de 16, sont nommés par l'empereur, grand-duc. Il y a un Parlement national, composé de représentants des quatre classes ou *États* : les nobles, le clergé, les bourgeois et les paysans. Les langues du pays sont le suédois et le finnois.

Le grand-duché a sa religion particulière ; la capitale est Helsingfors ; la religion du pays est la religion luthérienne ; la marine marchande, relativement considérable, comprend environ 1,650 navires.

La population totale de la Finlande est d'environ 2,900,000 habitants, dont 1,634,500 Finnois, 269,200 Suédois ; le grand-duché occupe une superficie de 373,536 kilomètres carrés et est divisé en 8 gouvernements.

POLOGNE. — Bien que l'empereur de Russie prenne encore dans les actes officiels le titre de roi de Pologne, le royaume de Pologne institué par les traités de 1815 a été supprimé de fait depuis l'insurrection de 1863. Le pays, qui autrefois avait pour chef un vice-roi, n'a maintenant qu'un simple gouverneur général des provinces vistuliennes; les provinces, au nombre de 10, ont chacune un gouverneur civil, nommé par l'empereur; la langue russe y a été introduite dans l'enseignement, dans l'administration et dans la justice.

PREMIÈRE PARTIE

LA RUSSIE

I. APERÇU GÉNÉRAL DE L'HISTOIRE DE RUSSIE.
II. DESCRIPTION GÉOGRAPHIQUE DE L'EMPIRE RUSSE.

APERÇU GÉNÉRAL
DE L'HISTOIRE DE RUSSIE

I

ORIGINES DE LA RUSSIE. LES VARÈGUES. NOVGOROD. KIEV. SAINT VLADIMIR.

La nation russe n'a pas toujours occupé l'immense région à laquelle elle a donné son nom. Au début de l'histoire, les Slaves apparaissent établis dans les bassins du Dniepr et du Dniestr, auprès des sources de l'Oka, du Volga, de la Dvina occidentale et sur les bords du lac Ilmen. Les Slaves sont divisés en tribus qui portent des noms différents : les Krivitches, les Viatitches, les Polianes, les Drevlianes, etc. Le nom d'une tribu *russe* est absolument inconnu. Ces mêmes tribus ont pour voisins à l'ouest les Lithuaniens, sur le Volga les Bulgares, au nord et à l'est des peuples finnois aujourd'hui presque entièrement disparus. Peu unies entre elles, elles tombent sous le joug de voisins guerriers et conquérants, les Kazares au midi, les Varègues normands au nord. Au milieu de cette période primitive, deux cités s'élèvent, appelées toutes deux à jouer un grand rôle, Novgorod sur le lac Ilmen, Kiev sur le Dniepr. Dans la seconde moitié du IXᵉ siècle (vers 862), une tribu scandinave appelée *Rouss* vient s'établir à Novgorod sous la conduite de Rurik et de ses deux frères. Ces Normands donnent aux tribus slaves l'ordre et la cohésion qui leur manquaient : c'est ainsi que les Gallo-Romains ont été organisés par les Francs, l'Espagne par les Goths, l'Italie du nord par les Lombards, l'Angleterre par les compagnons de Guillaume le Conquérant. La race germanique ou scandinave joue dans les origines de l'Europe moderne le rôle de ces métaux inférieurs qui assurent aux métaux précieux plus de force ou de solidité. Les premiers successeurs de Rurik réunissent peu à peu les diverses tribus slaves dans un seul groupe qui devient la nation russe (narod rousky); ils commencent à refouler vers l'Orient les peuples finnois : en transportant à Kiev le centre de leur empire, ils entrent par la guerre d'abord, par des traités ensuite, en rapport avec la Grèce Byzantine, avec la chrétienté et la civilisation européenne.

En vrais pirates normands, les Russes de Kiev, poussés par l'amour du pillage et des aventures, descendent le Dniepr sur leurs légers vaisseaux et vont faire trembler les empereurs jusque dans Constantinople. Quelques-uns d'entre eux, notamment la princesse Olga, se convertirent dès la première moitié du dixième siècle (957). Mais c'est le prince Vladimir qui, après avoir longtemps résisté, à l'exemple de sa mère Olga, a la gloire d'introduire définitivement le christianisme dans ses États ; il fait solennellement baptiser les habitants de Kiev (988) et rattache la Russie à l'Église grecque orthodoxe, qui l'honore aujourd'hui comme un saint. Les chansons populaires célèbrent encore ce *prince-soleil*, qui avait fait de sa capitale l'une des plus magnifiques cités de l'Europe orientale. Ses fils se disputent son héritage, et ses descendants le démembrent en diverses principautés ; toutefois ils s'accordent à reconnaître comme le grand prince celui qui règne à Kiev : grâce à ce système mal défini des principautés apanagées, la nation russe traverse une longue période de luttes intestines, auxquelles prennent part tour à tour ses voisins chrétiens ou barbares, les Petchénègues, les Polovtses, les Polonais : le récit de ces querelles remplit de longues pages des annales monastiques.

II

LA RUSSIE DE SOUZDAL, DE VLADIMIR ET DE MOSCOU.
INVASION DES TATARES.

Vers la fin du douzième siècle, André de Bogolioub, prince de Rostov-Souzdal, transporte vers l'Orient le centre de gravité de la nation russe : les villes de Rostov, de Souzdal, de Vladimir et de Moscou vont désormais se substituer à Kiev, déshéritée de son antique prestige; néanmoins la Russie est encore bien loin de son unité : ses divisions lui seront fatales. Tandis que les princes se disputent des lambeaux de souveraineté ou de territoire, les Tatares arrivent du fond de l'Asie, détruisant tout sur leur passage : les Russes sont battus une première fois sur la rivière Kalka (1224). Mais cette défaite ne les ramène pas au sentiment de la solidarité nationale : le khan Baty met à profit leurs discordes, et en 1236 il jette trois cent mille cavaliers sur la Russie.

Les villes les plus importantes du nord et du midi, Riazan, Kolomna, Moscou, Vladimir, Peroïaslav, Tchernigov, succombent l'une après l'autre. Moscou tombe à son tour, et l'ouragan asiatique va fondre sur la Pologne, la Bohême et la Hongrie. Désormais la Russie méridionale ne jouera plus aucun rôle dans l'histoire; l'énergie nationale se concentre dans les régions du Nord : c'est Moscou qui fera la Russie, comme Paris a fait la France, comme la Prusse a fait l'Allemagne, comme le Piémont a fait l'Italie. Il semble que dans tout État européen l'homme du Nord soit fatalement destiné à dominer et à façonner l'homme du Midi. Cette Russie de Kiev, sitôt disparue, a cependant légué de grands souvenirs à la Russie de l'avenir : c'est l'un de ses princes qui écrit le premier code des lois russes, la Pravda rouska

(1020) ; c'est l'un de ses moines qui rédige la première Chronique ; son Église compta de savants prélats dont les œuvres subsistent encore aujourd'hui : elle nous a laissé des monuments remarquables, qui excitent encore aujourd'hui l'intérêt des patriotes et des archéologues. Ce que nous appelons le démembrement de la Pologne n'est pour les Russes que la réannexion du premier berceau de leur nationalité.

La domination des Tatares, une fois établie, fut moins dure pour la Russie que ne l'avaient été leurs invasions. Les princes du Nord-Est reconnurent la suprématie des Khans et leur payèrent tribut ; les villes ruinées se reconstruisirent peu à peu, et la religion chrétienne fut respectée. Les principautés du Nord-Est, Novgorod, Pskov, avaient échappé au joug de Baty ; elles eurent en revanche à subir les assauts des Suédois et des Allemands. C'est dans ces luttes que se signala le prince Alexandre Nevsky (1240) élevé depuis au nombre des saints. Il vainquit les Suédois sur les bords de la Néva et chassa les Allemands de Pskov. Un ordre de chevalerie fondé par Pierre le Grand en son honneur rappelle encore aujourd'hui ses exploits. Le khan admira sa valeur, le traita avec bienveillance et le fit prince de Vladimir sur la Kliazma.

« Le soleil de la Russie s'est éteint, » s'écria le métropolitain de Vladimir, en apprenant la mort du héros de la Néva. Vers la même époque, Daniel Romanovitch, prince de Galicie, s'efforçait, mais en vain, de secouer la domination des Tatares, et luttait vigoureusement contre les Polonais et les Lithuaniens.

III

SUPRÉMATIE DE MOSCOU. DESTRUCTION DE LA DOMINATION TATARE.

Les fils d'Alexandre Nevsky ne surent pas imiter la sagesse paternelle et recommencèrent les luttes qui avaient été si fatales à ses prédécesseurs ; au milieu de ces conflits, les princes de Moscou se firent remarquer par leur bravoure et leur ténacité ; l'un d'entre eux, Jean Kalita, décida le métropolitain de Vladimir à s'établir dans sa capitale, obtint du Khan le titre de grand prince et fit de Moscou le centre réel des pays russes (1327-1346). Le surnom de Kalita, qui veut dire bourse ou sac, a popularisé le souvenir de sa prudente économie. Tandis que la Russie du nord-est se groupait peu à peu autour de Moscou, la Russie occidentale et méridionale se groupait autour de la Lithuanie, qui tendait elle-même à graviter vers la Pologne.

Les successeurs d'Ivan Kalita suivirent son habile politique. Son fils Siméon l'Orgueilleux (1341-1353) réduisit les divers princes à n'être plus pour ainsi dire que les lieutenants du grand prince de Moscou.

Dmitri, surnommé Donskoï (1362-89), fut le premier qui osa résister aux Tatares. Depuis longtemps, la horde était rongée par des discordes intérieures. Dmitri, après avoir soumis à son autorité les princes russes de Tver, de Kazan et de Novgorod, marcha contre le Khan Mamaï et le vainquit sur les bords du Don supérieur, à Koulikovo. De là le surnom de Donskoï (1380). Cette victoire n'assura pas l'affranchissement définitif de la Russie ; le successeur de Mamaï dans le commandement de la horde d'or, le Khan Toktamych, pénétra jusqu'à Moscou et réduisit Dmitri à l'obéissance.

Vasili Ier, fils de Dmitri, eut à lutter surtout contre le grand prince de Lithuanie, qui, bien loin de reconnaître la suzeraineté de l'État moscovite, réussit à lui arracher le territoire de Smolensk. La Russie se vit menacée un instant d'être envahie par le plus redoutable des conquérants mongols, Tamerlan, que les annales russes appellent le Boiteux-de-Fer. Mais, après avoir soumis les Tatares de Toktamych, Tamerlan se retira sans avoir attaqué la Russie : le Lithuanien Vitovd fut moins clément pour elle. Les luttes intérieures des héritiers de Vasili Ier donnèrent aux Tatares l'occasion d'intervenir et de raffermir leur domination ébranlée. Quelques-uns d'entre eux, par suite de leurs fréquents rapports avec les princes et les boïars, se convertirent au christianisme ; le descendant d'un de ces convertis, Boris Godonnov, fut plus tard tsar de Moscou.

Ivan III (1462-1505) se signala par la soumission de Novgorod : cette ville, on l'a vu plus haut, avait été le premier berceau de l'État russe ; florissante et riche par le commerce, elle était devenue la digne rivale des cités anséatiques. Un proverbe disait : Qui oserait s'attaquer à Dieu et à Novgorod la Grande? Elle jouissait d'institutions républicaines qui malheureusement l'avaient plus d'une fois conduite à l'anarchie. Menacée par Moscou, elle se divisa en deux factions : les uns voulaient implorer l'appui du roi de Pologne, grand-duc de Lithuanie, Casimir IV ; les autres préféraient se soumettre au prince moscovite, qui de son côté s'appuyait sur le secours des Tatares. Ivan III devait l'emporter ; il s'empara de la ville, envoya à Moscou la cloche qui avait si souvent convoqué les bourgeois aux assemblées tumultueuses du *vietché* et établit son autorité dans la cité vaincue. Ivan s'annexa en outre la principauté de Tver, qui avait durant de longues années rivalisé avec celle de Moscou.

Mais la grande gloire de ce prince fut l'anéantissement de la domination tatare. La fameuse horde d'or s'était divisée contre elle-même : sur le moyen Volga s'était formé le royaume de Kazan, et le royaume de Crimée dans la presqu'île de ce nom. Ivan sut habilement profiter de ces divisions ; il s'allia avec le Khan de Crimée et refusa le tribu au Khan de la Horde d'or. La guerre éclata : les Russes détruisirent la ville de Saraï, capitale de la horde, qui fut elle-même détruite par le Khan de Crimée. La domination tatare avait pris fin ; la Russie, séparée depuis longtemps de l'Europe occidentale, rentra en relation avec elle (1480) et put reprendre la marche interrompue de sa civilisation. Malheureusement, au moment même où elle échappait au joug tatare, Constantinople venait de tomber aux mains des Ottomans.

La principauté moscovite reprit dans ses armoiries l'aigle à deux têtes de Byzance et y joignit l'image de son patron saint Georges le Victorieux. Ivan épousa la nièce du dernier empereur grec ; des artistes grecs et italiens vinrent s'établir à Moscou et y construisirent des églises et des palais.

IV

LA RUSSIE PENDANT LA PÉRIODE TATARE.

La domination des Tatares, malgré l'isolement où elle avait maintenu la Russie, ne lui avait pas été aussi funeste qu'elle aurait pu l'être : quand le premier flot de l'invasion fut passé, les conquérants montrèrent vis-à-vis des vaincus une douceur relative. Les princes des apanages furent obligés, pour entrer en rapport avec la Horde, de se grouper autour du prince de Moscou, et cette circonstance prépara dans une certaine mesure l'unité future de l'empire. Le

Khan donnait l'investiture au grand prince, comme dans ces derniers temps la Turquie accordait un firman aux princes de Serbie ; les princes eux-mêmes recueillaient le tribut et le transmettaient à la Horde ; ils avaient une armée et gouvernaient librement leurs possessions.

Autour d'eux se groupait une aristocratie aventureuse et guerrière qui constituait la caste des boïars ; le peuple des campagnes était libre et ne connaissait point le servage de la glèbe ; tandis que Novgorod commerçait avec l'Occident, les négociants de Moscou et de la Russie centrale commerçaient avec l'Asie par la grande voie du Volga. La religion chrétienne était professée librement : elle gagnait peu à peu, chez les populations finnoises, les Zyrianes, les Permiens ; les nouveaux convertis assuraient à la nation russe des recrues nouvelles et se fondaient peu à peu avec elle ; les ecclésiastiques étaient dispensés de tout tribut par les Tatares ; le métropolitain de Moscou avait rompu ses liens avec celui de Constantinople, et l'Eglise avait pris un caractère national qu'elle a conservé jusqu'à nos jours ; de nombreux monastères s'étaient élevés, notamment le fameux couvent de la Trinité (près de Moscou), qui joue un grand rôle dans l'histoire religieuse et civile de la Russie. Seuls les moines, au milieu de l'ignorance universelle, possédaient quelque instruction ; des chroniques, des ouvrages de théologie, quelques chants historiques constituent à cette époque toute la littérature de la Russie. Cette littérature a pour organe un idiome bâtard, le slavon d'Église, dans lequel on sent par endroit percer le génie de la langue nationale ; cette langue a gardé encore aujourd'hui dans son vocabulaire l'empreinte de la domination étrangère; mais les mots ont changé de sens ou perdu leur valeur : pour ne citer qu'un exemple, le *iarlyk* était jadis la lettre d'investiture, le firman que les Khans accordaient au nouveau prince ; aujourd'hui, c'est le bulletin de bagage qu'on délivre aux passagers sur les bateaux à vapeur du Volga.

V

LA RUSSIE MOSCOVITE. IVAN LE TERRIBLE. CONQUÊTE DE KAZAN, D'ASTRAKHAN, ET DE LA SIBÉRIE.

Le successeur de Ivan III, Vasili III (1505-1533), trouvant la Russie affranchie des Tatares, eut les mains libres pour travailler à son unité ; des anciens États russes, deux seulement étaient encore indépendants de la suprématie moscovite, Pskov et Riazan (sans tenir compte, bien entendu, des provinces occidentales ou méridionales rattachées à la Lithuanie). Riazan était gouvernée par des princes ; Pskov constituait une sorte de république analogue à celle de Novgorod. En 1510, Vasili III anéantit les libertés de cette cité, supprima sa diète et son magistrat suprême, le posadnik. Il accusa le prince de Riazan d'intrigues secrètes avec les Tatares et la Lithuanie, s'empara de sa personne et confisqua ses domaines. A l'exemple de son prédécesseur, il transporta dans la Moscovie un certain nombre d'habitants des pays conquis et y envoya des colons moscovites. L'Etat russe était désormais constitué : il avait pour voisin à l'Occident le grand duché de Lithuanie, au sud les Tatares de Crimée, à l'est les Tatares de Kazan. Même sans entrer immédiatement en lutte avec ces voisins, il pouvait se développer à l'aise dans les immenses steppes qui formaient comme une sorte de zone neutre entre la Russie et les Tatares. Cependant Vasili ne resta pas inactif. Il reprit Smolensk aux Polonais ; il lutta énergiquement contre les Tatares, dont les hordes indisciplinées poussaient parfois jusque sur le sol de ses Etats de farouches invasions.

Ivan n'eut qu'un fils, celui qui porte son nom et auquel est restée attachée l'épithète de Terrible (1533-1584). Ivan IV n'avait que trois ans quand son père mourut ; la régence fut exercée par sa mère Hélène et par la douma (conseil) des boïars. Plus empressés à flatter le jeune prince que jaloux de lui donner une solide éducation, les boïars développèrent chez lui des instincts brutaux et sauvages. Ils irritèrent le peuple par leurs abus et semèrent le germe de sanglantes révolutions. Arrivé à sa majorité, Ivan se fit sacrer à Moscou dans l'église de l'Assomption et prit le titre de tsar, que n'avait porté aucun de ses prédécesseurs. Cette dénomination, renouvelée du titre des Césars anciens, est celle qui avait été jusqu'alors réservée aux empereurs de Constantinople. Elle affirmait à la fois la puissance et l'unité de la Russie. Les commencements du nouveau règne furent difficiles : le prince paraissait ne songer qu'aux plaisirs et abandonnait le gouvernement à ses favoris ; des incendies qui éclatèrent à Moscou amenèrent des révoltes sanglantes. Le tsar, effrayé par ces désordres, appela auprès de lui de sages conseillers, le prêtre **Sylvestre**, le boïar **Adachev**; il s'efforça d'organiser la justice et l'administration. Le grand acte de son règne fut la soumission de Kazan. Cette ville, située au confluent du Volga et de la Kama, était devenue la capitale d'un khanat important ; un grand nombre de peuples païens, les Tchérémisses, les Mordvines, les Tchouvaches, s'étaient groupés autour d'un noyau de Tatares et tenaient en échec vers l'Orient l'expansion de la Russie. Le père et l'aïeul d'Ivan IV avaient, il est vrai, réduit Kazan à accepter la souveraineté moscovite ; mais les Khans qu'ils prétendaient imposer avaient été chassés par les indigènes. Ivan IV marcha contre Kazan au mois d'août 1552, et, après un siége difficile, la ville fut emportée d'assaut. Le christianisme et la civilisation firent de rapides progrès dans les pays nouvellement conquis ; l'ancienne capitale des Khans tatares est aujourd'hui une cité européenne florissante et le siége d'une université qui peut être considérée comme le dernier avant-poste de la haute culture scientifique dans l'Orient européen. Quelques années plus tard, le khanat d'Astrakhan, dernier refuge de la puissance tatare sur le Volga, fut également soumis. Vers le midi, des forteresses furent construites pour tenir en échec les Tatares de Crimée; des légions volantes de Cosaques s'organisèrent et leur firent une guerre de partisans, sous la conduite de chefs élus nommés Atamans, ou Hetmans.

Ivan fut moins heureux vers l'ouest; il tenta d'étendre le territoire de la Russie jusqu'aux rivages de la Baltique; mais il se brisa contre les forces de la Suède et de la Pologne. La découverte et l'acquisition de la Sibérie compensèrent largement cet échec. Quelques centaines de Cosaques, soldés par de riches négociants (les Strogonov), franchirent l'Oural, sous la conduite de l'aventurier Iermak; ils arrivèrent jusque sur les bords de l'Irtych, battirent les troupes indigènes, prirent possession du pays et en firent hommage au tsar Ivan. On sait quels trésors la Russie a déjà retirés de cette contrée, si richement pourvue en mines de toute espèce et en précieuses fourrures.

Malheureusement, le caractère d'Ivan IV n'était pas à la hauteur de sa fortune; après avoir éloigné de lui les sages conseillers Sylvestre et Adachev, il s'entoura d'aventuriers ambitieux et qui élevèrent une barrière infranchissable entre lui et son peuple. Ces *opritchniki* (c'est le nom sous lequel ils sont restés célèbres) devinrent les maîtres absolus de la vie et de la fortune des citoyens ; abandonné tantôt aux pratiques d'une dévotion mystique, tantôt à de scandaleuses débauches, Ivan devint soupçonneux et cruel ; le récit de ses barbaries occupe une grande place dans la littérature dramatique de la Russie. L'histoire, en les enregistrant, ne peut s'empêcher de constater la grandeur du règne qui valut à la Russie la Sibérie, Kazan et Astrakhan.

Le fils d'Ivan IV, Fédor, par un contraste singulier, fut un prince dévot et timide : il abandonna le gouvernement au conseil des boïars, où son beau-frère Boris Godounov prit bientôt un rôle prépondérant. Ce personnage ambitieux médita d'arriver au trône. Fédor n'avait d'autre héritier qu'un jeune frère âgé de neuf ans, Dmitri ; il fut tué mystérieusement, et l'on soupçonna Godounov de n'avoir pas été étranger à sa mort. A la mort de Fédor (1598) s'éteignit la descendance directe de Rurik. C'est sous son règne que les paysans furent attachés à la terre et que fut établi le patriarcat de Moscou.

VI

LA PÉRIODE DES TROUBLES. LES FAUX DMITRI. AVÉNEMENT DE MICHEL ROMANOV.

Les boïars proposèrent alors la couronne à Godounov ; mais ils ne tardèrent pas à jalouser celui qu'ils avaient élevé au-dessus d'eux. Des émeutes éclatèrent ; la famine et le froid désolèrent la Russie ; l'imagination populaire vit dans ces malheurs le signe de la colère du Ciel, irrité contre les assasins de l'innocent Dmitri. Tout à coup un bruit étrange se répandit : Dmitri n'était pas mort ; il avait reparu en Lithuanie ; un hardi aventurier avait entrepris de jouer ce rôle d'imposteur. Il inspira confiance au roi de Pologne Sigismond III. Sigismond, en établissant le faux Dmitri sur le trône de Moscou, espérait assujettir la Russie à la Pologne. Il fournit une armée à l'usurpateur, qui marcha sur la ville sainte : Boris Godounov venait de mourir (1605). Le faux Dmitri entra dans Moscou et y reçut l'hommage des boïars ; mais il s'entourait de Polonais, il avait épousé une catholique polonaise, Marie Mniszek. Son règne ne dura que onze mois ; il périt dans une sédition ; son corps fut brûlé et sa cendre jetée aux vents.

Les boïars offrirent la couronne à celui d'entre eux qui avait commandé leur révolte, Vasili Chouïski. Mais un second faux Dmitri apparut dans la province russe ; Marie Mniszek, soucieuse avant tout de retrouver sa couronne éphémère, offrit sa main à cet aventurier ; beaucoup de villes lui ouvrirent leurs portes ; les Cosaques reconnurent son autorité, mais il échoua devant Moscou et fut tué dans sa fuite. Les Polonais, ses auxiliaires, avaient vainement assiégé le fameux monastère de la Trinité. Au milieu des troubles de cette période, Vasili Chouïski fut déposé, et la Russie resta sans souverain. Ravagée par les Polonais, les Cosaques, les Suédois, elle n'avait jamais été plus près de sa ruine. Les boïars de Moscou choisirent pour tsar le fils du roi de Pologne, Sigismond, et ouvrirent les portes de leur ville aux garnisons polonaises. La Russie a bien pris depuis la revanche de cette humiliation. Au milieu de ces misères, le sentiment religieux la sauva : les orthodoxes ne purent souffrir que leur pays fût livré à un prince étranger. Le clergé prêcha la croisade; un boucher de Nijni-Novgorod, Minine, souleva ses compatriotes. « S'il le faut, s'écria-t-il, nous mettrons en gage nos femmes et nos enfants pour payer nos soldats. » De concert avec le boïar prince Pojarski, il rassembla une armée et marcha sur Moscou. Les Polonais, retranchés dans le Kremlin, se défendirent héroïquement, mais la famine les contraignit à se rendre, et Moscou fut délivrée. Les représentants de la nation se réunirent dans la capitale pour élire un souverain; leur choix se porta sur le boïar Michel Fédorovitch Romanov, neveu par alliance d'Ivan le Terrible; il vivait aux environs de Kostroma, sur le Volga, quand une députation vint lui apporter la nouvelle de son élection. La tradition raconte que les Polonais essayèrent d'attenter à sa vie et qu'il fut sauvé par le dévouement héroïque du paysan Souzanine; vrai ou faux, cet épisode est entré dans l'imagination russe et a été consacré à maintes reprises par la musique et la poésie : le paysan Souzanine est le héros du plus remarquable des opéras russes, *la Vie pour le tsar*, de Glinka, œuvre malheureusement trop peu connue en France.

VII

LES PREMIERS ROMANOV. ACQUISITION D'UNE PARTIE DE LA PETITE-RUSSIE. LE RASKOL.

L'avénement du premier Romanov mit fin à la période des troubles. Le nouveau tsar (1613-1645) débarrassa le pays des bandes d'aventuriers qui le ravageaient et s'efforça de reconquérir les provinces perdues. La Suède s'était emparée de Novgorod ; les Polonais occupaient Smolensk ; Gustave-Adolphe rendit Novgorod, mais garda le littoral de la Baltique. Mais les Russes, inférieurs au point de vue de l'armement et de la discipline aux armées polonaises, ne purent d'abord s'emparer de Smolensk. A l'intérieur, Michel Fedorovitch s'efforça de réparer les ruines que la période précédente avait léguées au pays : il releva les villes détruites et procéda à une répartition plus exacte des impôts. Son fils Alexis Michaïlovitch (1645-1676) fit rédiger un code de lois connu sous le nom d'*Oulojénie*. Sa cour déploya une pompe jusqu'alors inconnue. L'événement le plus considérable de son règne fut la réunion ou plutôt la réincorporation de la Petite-Russie à l'Etat russe. On a vu plus haut que cette contrée, annexée à la Lithuanie, était tombée sous la dépendance de la Pologne. L'hetman des Cosaques Khmelnitsky, offensé par un seigneur polonais, se mit à la tête d'une insurrection et offrit au tsar la Petite-Russie. Les Cosaques, réunis en conseil dans la ville de Pereïaslav (gouvernement de Poltava), jurèrent fidélité au nouveau souverain, qui leur laissa le droit de choisir leurs hetmans et leurs principaux chefs; mais la Pologne n'abandonna point sans résistance ses droits sur la Petite-Russie : la guerre éclata; elle se termina par le traité d'Androusovo (1667), qui adjugeait à la Russie tous les pays situés à l'est du Dniepr.

C'est sous le règne d'Alexis Michaïlovitch qu'éclata le schisme ou Raskol qui divise encore aujourd'hui l'Eglise russe. Le patriarche Nikon entreprit de corriger les livres ecclésiastiques des fautes que l'ignorance ou l'incurie des moines y avait introduites. Un grand nombre de prêtres refusèrent d'admettre ces innovations; ils trouvèrent des adeptes dans le peuple; persécutés par l'Eglise officielle, ils se réfugièrent dans les bois ou dans les steppes, groupèrent autour d'eux les réfractaires et créèrent une Eglise indépendante, qui s'est elle-même fractionnée en une infinité de sectes. Aujourd'hui encore, le nombre de ces raskolniks dépasse plusieurs millions. On ne peut l'évaluer exactement : beaucoup d'hérétiques pratiquent leur religion en secret.

Alexis Michaïlovitch laissa plusieurs enfants, dont

l'un devait être Pierre le Grand. Avant d'arriver au règne de celui qui devait définitivement faire entrer la Russie dans la vie européenne, jetons un coup d'œil rapide sur le développement intérieur de la Russie depuis le xv⁰ siècle jusqu'à la fin du xvii⁰ siècle.

VIII

LA RUSSIE AVANT PIERRE LE GRAND.

La Russie était, depuis la chute des derniers princes apanagés, arrivée à une véritable unité; les souverains qui la gouvernaient prenaient le titre de seigneurs ou tsars de toutes les Russies. Leur gouvernement était absolu, et ils se qualifiaient eux-mêmes d'autocrates. Toutefois ils étaient assistés par la douma ou conseil des boïars et convoquaient parfois les représentants des villes à des diètes solennelles. Les dénominations des anciennes principautés avaient peu à peu disparu, et les provinces étaient gouvernées par des chefs à la fois militaires et civils, représentants directs de l'autorité impériale. L'armée était constituée d'une façon fort irrégulière : le noyau principal était la cavalerie des boïars; les mercenaires étrangers y figuraient en grand nombre; les Tatares, les Cosaques prenaient part aux expéditions les plus considérables; mais ces bandes, mal équipées, ne pouvaient tenir contre les troupes mieux dressées des Suédois et des Polonais. Les villes étaient construites en bois, et les églises ou les kremlins (forteresses) en étaient les seuls monuments. Les paysans, libres d'abord, furent, à partir du xvii° siècle, attachés au sol par le servage; mais cette servitude n'était point personnelle, et ils ne pouvaient primitivement être vendus qu'avec la terre : peu à peu, cet abus s'introduisit et à la fin du xvii° siècle s'était à peu près généralisé. Beaucoup d'entre eux s'enfuyaient et allaient grossir les bandes aventureuses des Cosaques.

Depuis la découverte de la Sibérie, le commerce avait pris des développements considérables : Moscou était devenu un centre important où les négociants étrangers se pressaient chaque jour plus nombreux ; par la voie de Sibérie, la Russie commerçait directement avec la Chine, par le Volga avec la Perse; les Allemands et les Suédois avaient leurs comptoirs à Novgorod et à Pskov. Pendant longtemps, la Russie avait été fermée aux étrangers; les Anglais avaient pénétré d'abord à Arkhangel, puis à Moscou. La foire de Makariev, sur le Volga, aujourd'ui transportée à Nijni-Novgorod, était une des plus considérables du monde entier. Les mœurs étaient loin encore d'avoir atteint cette douceur et cette élégance qui caractérisaient en Occident la société moderne. Les femmes vivaient enfermées dans le *terem*, comme les odalisques de l'Orient; elles étaient livrées aux brutalités de leurs maris et traitées le plus souvent comme des esclaves ; les châtiments étaient barbares : les boïars étaient plongés dans l'ignorance. Cependant les rapports de jour en jour plus fréquents avec l'étranger commençaient à initier la Russie aux mœurs européennes ; des savants, des ingénieurs allemands ou italiens venaient s'établir à Moscou. La littérature se bornait à des écrits historiques et théologiques : en 1563, la première imprimerie avait été établie à Moscou. La fondation d'une Académie théologique (1685) contribua singulièrement à développer l'instruction du clergé.

IX

PIERRE LE GRAND. SES RÉFORMES. SES GUERRES. CONQUÊTE DES PROVINCES BALTIQUES. FONDATION DE SAINT-PÉTERSBOURG.

Alexis Michaïlovitch laissa plusieurs enfants : l'aîné, Théodore ou Fedor Alexievitch, ne régna que six ans (1676-1682). Après sa mort, le peuple et les boïars désignèrent pour lui succéder conjointement ses deux frères Ivan et Pierre. Ce dernier n'avait alors que dix ans ; la régence fut confiée à sa sœur Sophie ; cette princesse, habile et ambitieuse, avait reçu une instruction supérieure à celle de son temps ; elle gouverna avec sagesse, se fit céder par la Pologne une partie de la Petite-Russie et tenta, mais sans succès, de soumettre les Tatares de Crimée. Pour retarder le plus possible l'avénement de son frère, elle le relégua à la campagne ; il y reçut, au lieu de l'éducation monotone et efféminée des palais moscovites, une éducation rustique et virile : il s'habitua de bonne heure à jouer au soldat, construisit de ses propres mains et lança sur un étang une flottille de barques ; l'une d'entre elles existe encore aujourd'hui : conservée avec respect, elle a reçu le nom populaire d'*aïeule de la flotte russe*. Pierre se plaisait dans la société des officiers et des artisans étrangers ; il recevait leurs leçons avec enthousiasme et constatait, non sans un sentiment de généreuse envie, l'avance que les Européens d'Occident avaient prise sur la Russie. Arrivé à l'âge de dix-sept ans, il déjoua heureusement les complots de sa sœur, qui méditait de lui arracher le pouvoir et peut-être la vie, conjura une révolte des Streltsy (corps des archers) et enferma l'ambitieuse Sophie dans son monastère. Ivan, qui vécut encore quelques années, était faible de corps et d'esprit et de fait Pierre régna seul.

Une fois maître de lui-même, ses premiers soins furent de créer une armée régulière et d'organiser une flotte. Repoussée loin de la Baltique et de la mer Noire, la Russie n'avait de débouchés que sur la mer Blanche et la Caspienne. Pierre fit deux fois le voyage d'Arkhangel, pour aller étudier sur place la structure des vaisseaux étrangers. Il lui fallait avant tout un port sur la mer Noire ; il assiégea la place d'Azov, qui appartenait alors aux Turcs, et, après un premier échec, il s'en empara (1696). Pour donner l'exemple à ses troupes et s'instruire lui-même, il avait servi dans cette expédition en qualité de simple capitaine. Désormais, la Méditerranée était ouverte à la Russie. Pierre Ier voulut se rendre compte de la situation des arts et des sciences militaires en Europe, et il entreprit ces fameux voyages qui excitèrent l'admiration universelle. On sait comment il alla s'établir à Saardam, revêtit l'habit du charpentier et travailla lui-même à la construction des navires. Une révolte des Streltzy le rappela à Moscou; il la châtia avec une impitoyable sévérité : malgré ses aspirations généreuses, l'ancienne barbarie moscovite vivait encore en lui.

Il rapporta de son premier voyage en Europe un immense désir d'introduire des réformes et l'inflexible volonté de les imposer à tout prix. Il commença par obliger ses boïars à couper leurs longues barbes, à raccourcir leurs robes orientales. Il crut accomplir un progrès en infligeant à ses courtisans l'usage de la perruque. Il exigea que les femmes renonçassent à la claustration du terem, qu'elles parussent dans les sociétés, qu'elles portassent des vêtements à l'européenne; il rendit aux jeunes gens la liberté de se marier à leur gré. Quelques-unes de ces réformes peuvent sembler ridicules; c'était pour ainsi dire une gymnastique que Pierre imposait à son peuple : il lui faisait prendre les formes de la société européenne, en attendant qu'il pût lui en faire accepter les idées. Infatigable au travail, aussi sévère pour lui-même que pour les autres, il donnait à tous un exemple qu'il eût d'ailleurs été dangereux de ne pas suivre; beaucoup murmuraient, mais presque tous obéissaient.

Pierre réorganisa l'administration, répartit les services en différents colléges, créa le sénat, établit la hiérarchie des *tchins* ou fonctionnaires et obligea la noblesse à entrer au service de l'Etat. Il établit des écoles pour elle et décida que nul ne pourrait se marier sans savoir lire et écrire. L'Eglise se montrait surtout rebelle à ces innovations. A la mort du patriarche Adrien, Pierre décida qu'il n'aurait pas de successeur et confia le gouvernement suprême de l'Eglise à un synode. Il fit procéder au premier recensement qui ait été exécuté en Russie.

Son prédécesseur, Ivan le Terrible, avait vainement essayé de s'ouvrir l'accès de la Baltique. Pierre, après avoir organisé son armée à l'européenne, déclara la guerre à la Suède; il échoua d'abord au siége de Narva (1700). Mais il ne se découragea pas : il prit les cloches des couvents et des églises pour fondre des canons, et, tandis que Charles XII guerroyait avec la Pologne, les Russes réussirent à s'établir à l'embouchure de la Néva. Là, sur des îles boisées, où n'avaient vécu jusqu'alors que quelques familles de pêcheurs, il jeta les fondements de Saint-Pétersbourg. « Nous apprendrons des Suédois l'art de les vaincre, » avait-il dit après la défaite de Narva. Cette prophétie se réalisa. Charles XII, après avoir vainement essayé de soulever la Petite-Russie, fut défait sur le champ de bataille de Poltava (1709). Réfugié en Turquie, il excita le Sultan contre la Russie ; moins heureux cette fois, Pierre le Grand dut restituer aux Ottomans la forteresse d'Azov et l'embouchure du Don. Obligé de renoncer à la mer Noire, il concentra tous ses efforts sur la possession de la Baltique. Le traité de Nystadt, conclu en 1721, lui céda définitivement la Livonie, l'Esthonie, l'Ingrie et une partie de la Finlande. Ce triomphe fut célébré par des fêtes magnifiques. Pierre prit désormais le titre d'*imperator*, qui est aujourd'hui, contrairement au préjugé répandu, le titre officiel du souverain de toutes les Russies. La Russie, reconnaissante, associe à son nom celui de ses principaux collaborateurs, Menchikov, Dolgorouki, le Genevois Lefort, l'amiral Apraxine. Parmi les institutions scientifiques de Pierre le Grand, nous rappellerons seulement l'Académie des sciences, l'Académie navale, l'École des ingénieurs. Plus de deux cents fabriques s'établirent sous son règne. En 1872, la Russie a magnifiquement célébré le deuxième centenaire de la naissance de son illustre réformateur.

X

LES SUCCESSEURS DE PIERRE LE GRAND.

La femme de Pierre le Grand, Catherine Iᵉ, lui succéda, mais elle ne régna que deux ans ; aucun événement important ne signala son règne éphémère. Elle légua le trône au petit-fils de son mari, Pierre II ou Pierre Alexievitch : ce jeune prince était âgé de douze ans ; un conseil de régence fut chargé du gouvernement ; il avait pour chef le prince Menchikov ; à la suite d'intrigues de cour, Menchikov tomba en défaveur et fut exilé en Sibérie. Nous n'avons pas à raconter ici l'histoire de ces conflits entre des courtisans ambitieux et égoïstes. Pierre II, élevé sous leur direction, eût été peu digne de son illustre aïeul. Il mourut à quinze ans. Avec lui s'éteignit la ligne masculine des Romanov ; mais la Russie ne connaissait point la loi salique : le conseil suprême de l'empire offrit la couronne à une nièce de Pierre le Grand, Anna Ivanovna (1730-1740). Cette princesse accorda surtout sa faveur à des Allemands : Ostermann dirigea les affaires intérieures ; Munich fut chargé du commandement suprême de l'armée ; il en perfectionna la discipline et fonda la première école militaire pour l'instruction des officiers. La Russie soutint deux guerres heureuses contre la Turquie et la Pologne, où le parti national et français prétendait rétablir Stanislas Leszczynski. Pour la première fois les troupes russes pénétrèrent jusqu'au Rhin. « On s'aperçut pour la première fois que cette Asie européenne pouvait par-dessus l'Allemagne étendre ses longs bras jusqu'à la France [1]. » Le principal favori de l'impératrice Anne Ivanovna fut le Courlandais Biron, qui profita de sa situation privilégiée pour rançonner sans pitié la Russie. Les plaintes du peuple ne montèrent pas jusqu'aux oreilles de la souveraine, qui désigna Biron comme régent pendant la minorité de son successeur Ivan IV (1740-1741). Après trois semaines de régence, Biron fut arrêté par son rival Munich et envoyé en Sibérie. Une nouvelle intrigue de cour amena sur le trône une fille de Pierre le Grand, Élisabeth Petrovna, qui envoya Munich et Ostermann rejoindre leur rival en Sibérie. Leur disgrâce termina ce qu'on pourrait appeler la période allemande du xviiie siècle. Sous le règne d'Élisabeth (1741-1761), l'élément national reprit le dessus de la Russie, marcha d'un pas rapide vers son émancipation intellectuelle. L'Université de Moscou, la première de l'empire, fut fondée en 1755. Le fils d'un pêcheur des environs d'Arkhangel, Lomonosov, fut pour la Russie ce que Malherbe avait été pour la littérature française : il éleva le dialecte de Moscou au rang d'idiome littéraire et écrivit une grammaire russe

---

1. Michelet.

fort remarquable, dont la préface renferme ces fières paroles : « La langue russe, dit le poëte grammairien, non-seulement par l'étendue des régions où elle domine, mais aussi par sa propre immensité et sa richesse, surpasse toutes celles de l'Europe. Charles IX disait qu'il faut parler espagnol avec Dieu, français avec ses amis, allemand avec ses ennemis. Mais s'il avait connu le russe, il aurait avoué qu'on peut le parler avec tout le monde. Il y aurait trouvé la magnificence de l'espagnol, la vivacité du français, la force de l'allemand, la délicatesse de l'italien et, par-dessus tout cela, la richesse et la forte concision du grec et du latin. »

Tandis que Lomonosov créait si fièrement la littérature nationale, la capitale improvisée par Pierre le Grand devenait de plus en plus digne de la grandeur de son empire. Élisabeth l'embellissait d'édifices remarquables : l'acteur Volkov formait une troupe et le premier théâtre russe avait pour directeur le poëte Soumarokov. Par un contraste singulier, c'est à ce moment que la mode et la langue françaises étaient le plus en faveur auprès de l'aristocratie russe. Désormais il fut de bon ton de confier les enfants des grandes familles à des gouverneurs étrangers : c'est à cet usage, bien plus qu'à une prétendue aptitude naturelle, que les Russes doivent l'aisance avec laquelle ils manient les langues étrangères.

Élisabeth Petrovna rendit au commerce un service signalé : elle supprima les douanes intérieures qui gênaient la circulation ; en revanche, elle augmenta les tarifs qui frappaient les produits importés. Jusqu'à son règne, la Russie n'avait soutenu de guerres que contre ses voisins immédiats, les Tatares, les Turcs, les Suédois et les Polonais. Élisabeth Petrovna intervint dans les affaires de l'Europe centrale. Dans la guerre de Sept ans elle prit parti pour l'Autriche contre la Prusse ; ses troupes, commandées par Apraxine, Saltykov et d'autres généraux, remportèrent quelques avantages sur celles de Frédéric II. La Russie commençait à prendre une place considérable dans l'équilibre de cette Europe qui, lors des traités de Westphalie, savait à peine le nom de la Moscovie.

XI

CATHERINE LA GRANDE. GUERRE CONTRE LA TURQUIE. PARTAGE DE POLOGNE. PROGRÈS DE L'ADMINISTRATION, DES LETTRES ET DES ARTS.

Le règne de Catherine la Grande l'y fit entrer tout à fait. Cette princesse commença son règne par un crime. Élisabeth Petrovna avait désigné pour son successeur son neveu Pierre Théodorovitch, fils de sa sœur Anne, princesse de Holstein. Elle l'avait fait élever à Saint-Pétersbourg et l'avait marié à

Catherine, princesse d'Anhalt Zerbst ; douée d'une rare intelligence et d'une ambition effrénée, Catherine ne laissa régner son époux qu'un an (1761-1762), et se débarrassa de lui par un meurtre. Proclamée impératrice en 1762, elle gouverna jusqu'à 1796. Son règne est dans l'histoire de la Russie moderne le plus important après celui de Pierre le Grand. Elle fut, comme lui, entourée de généraux et de conseillers d'un rare mérite. Elle continua contre les Turcs et les Tatares la lutte commencée par ses prédécesseurs. Roumiantsov Zadounaïsky repoussa les Turcs au delà du Danube (1770) ; pendant ce temps-là, une escadre russe, commandée par le comte Orlov, sortait de la Baltique, tournait l'Europe et arrivait dans l'archipel. Catherine avait compris combien il était aisé d'affaiblir la Turquie en portant secours aux chrétiens, notamment aux Grecs, victimes impatientes des exactions musulmanes. Orlov poursuivit la flotte turque jusque dans la rade de Tchesmé (île de Chio), lança ses brûlots et incendia les vaisseaux ottomans. Roumiantsov de son côté franchissait le Danube et ses victoires réduisaient la Porte à signer la paix de Koutchouk-Kaïnardji (1774). La Russie recouvrait les bouches du Don, acquérait celles du Dniepr, et obtenait pour ses vaisseaux marchands la libre navigation de la Méditerranée. Quelques années plus tard, Catherine détruisit (1783) ce fameux khanat de Crimée qui avait si longtemps menacé la Russie méridionale de ses incursions. La Russie recouvrait les pays où le prince apôtre Vladimir avait naguère reçu le baptême.

La Porte s'efforça vainement d'arrêter le progrès des armes russes. Potemkine, nommé gouverneur des pays récemment conquis et désignés sous le nom de Nouvelle-Russie, montra un double talent d'administrateur et de général. Il établit des colonies, fonda des villes (notamment Kherson, Ekaterinoslav) et mérita par ses services le surnom de prince de Tauride. Imbu des souvenirs de l'antiquité classique, Potemkine rêvait de chasser les Turcs de l'Europe et de rétablir l'empire grec; mais les puissances occidentales, effrayées des progrès de la Russie, commençaient, dès cette époque, à protéger la Porte ottomane. On connaît le fameux voyage que Potemkine fit faire à Catherine dans les nouvelles provinces, et on a souvent cité l'inscription qu'il avait fait mettre sur un arc triomphal : « Chemin de Byzance. » Potemkine mourut avant d'avoir réalisé son rêve. La seconde guerre de Turquie aboutit simplement au traité d'Iassy (1792), qui assura aux Russes la possession définitive du littoral septentrional de la mer Noire (1791). Dans cette deuxième guerre, Potemkine s'était signalé par la prise d'Otchakov, et Souvarov, le futur héros des guerres de la Révolution, s'empara d'Ismaïl. Il fut dès lors compté parmi les plus remarquables généraux de l'Europe.

Mais l'acquisition la plus importante du règne de Catherine fut celle des provinces occidentales, enlevées ou plutôt, d'après les historiens russes, reprises à la Pologne. On a vu plus haut comment une partie des anciens pays russes s'était trouvée rattachée à la Lithuanie et par suite à la Pologne. Dans ces provinces foncièrement russes et orthodoxes, les Polonais s'étaient efforcés avant tout d'introduire le catholicisme. Mais désespérant d'arriver à une conversion en masse des orthodoxes, ils avaient imaginé au seizième siècle l'*Union*, c'est-à-dire qu'un certain nombre d'anciens orthodoxes avaient reconnu la suprématie de l'Église romaine, tout en conservant les rites et les formes extérieures de la religion grecque. Cette *Union* était loin d'avoir été acceptée par tous les Russes : les Cosaques Zaporogues notamment s'y étaient montrés réfractaires ; la noblesse polonaise était peu tolérante pour les *dissidents*, c'est-à-dire pour les luthériens et les orthodoxes. Frédéric II et Catherine trouvèrent dans les plaintes des dissidents un prétexte pour intervenir dans les affaires de Pologne. Cet état anarchique était plus que tout autre accessible aux intrigues étrangères. Catherine, Marie Thérèse d'Autriche et Frédéric s'entendirent pour agrandir leurs États aux dépens de la malheureuse république. Des trois puissances, la Russie était assurément celle dont les prétentions étaient les moins illégitimes. Elle a cependant eu à porter seule pendant longtemps tout l'odieux des trois partages de la Pologne. Le premier (1773) lui valut la Russie blanche et la Livonie ; le second (1793) lui donna une partie de la Volynie, de la Petite-Pologne et la Podolie; enfin, par le troisième, elle acquit la Lithuanie. L'ensemble de ces provinces comprenait 8,700 milles carrés et six millions d'habitants. Souvarov montra dans l'asservissement de la Pologne expirante une brutalité impitoyable. L'acquisition de la Courlande fut une des conséquences du démembrement de la Pologne (1794).

Catherine n'intervint qu'une fois sérieusement dans les affaires de l'Occident européen : ce fut lors de la guerre d'Amérique (1780); les Anglais prétendaient visiter tous les navires neutres pour empêcher la France de recevoir les munitions nécessaires à ses vaisseaux. Catherine protesta contre ces prétentions, réclama pour les vaisseaux neutres la liberté de la navigation et organisa la neutralité armée, à laquelle adhérèrent successivement la Suède, le Danemark, la Prusse, l'Autriche, le Portugal, les Deux-Siciles et la Hollande.

A l'intérieur, la Russie fut troublée par la révolte d'un aventurier cosaque, Pougatchev : il se fit passer pour Pierre III, l'empereur assassiné, enrôla dans ses troupes des Cosaques, des Tatares, des Bachkirs, des paysans irrités contre leurs seigneurs, et devint, pendant quelque temps, le maître des régions qui s'étendent entre le Volga et l'Oural; pour le réduire, il fallut une armée entière; pris par Souvarov, Pougatchev fut amené à Moscou et exécuté.

Catherine reprit dans le gouvernement de ses États

les traditions de Pierre le Grand. Elle divisa la Russie en cinquante gouvernements, subdivisés eux-mêmes en districts, créa des tribunaux distincts pour les affaires civiles et criminelles, et institua des tribunaux de districts.

Elle s'efforça de multiplier les villes, alors assez rares dans son empire ; elle détermina la situation des habitants des villes qui n'appartenaient ni à la noblesse ni au personnel des fonctionnaires ; ils furent divisés en trois classes : les marchands, les bourgeois et les artisans ; ils nommaient parmi eux les conseillers municipaux, présidés par un chef de ville, ou maire. Les nobles obtinrent la liberté d'entrer au service de l'État ou de s'en abstenir à leur gré. La noblesse de chaque gouvernement formait une sorte de corporation qui élisait ses chefs pour le gouvernement et le district. Elle fut soustraite aux peines corporelles. Catherine, imbue des idées philanthropiques du dix-huitième siècle, supprima également la peine de mort. Elle continua vis-à-vis de l'Eglise la politique de Pierre le Grand. L'Eglise possédait des biens immenses ; tel monastère avait jusqu'à cent mille serfs ; l'impératrice annexa ces domaines à ceux de la couronne. Pierre le Grand avait médité de donner à son pays une législation nouvelle ; Catherine reprit ce projet ; elle rassembla en 1767 des députés de toutes les provinces, pour les inviter à élaborer un code nouveau ; cette assemblée eut de longues délibérations, dont on nous a conservé les procès-verbaux fort intéressants. Mais ses travaux n'eurent point de résultat pratique. Elle décerna à l'impératrice les titres de Grande, de Sage et de Mère de la patrie.

De tous les souverains russes, aucun n'eut dans l'Europe occidentale une popularité aussi grande que Catherine : Voltaire, qui professait pour elle une admiration enthousiaste, l'appelait la Sémiramis du Nord et écrivait le fameux vers :

C'est du Nord aujourd'hui que nous vient la lumière.

Elle entretenait une correspondance littéraire non-seulement avec le patriarche de Ferney, mais encore avec d'Alembert, Grimm, Diderot, qu'elle appelait à Saint-Pétersbourg et dont elle achetait la bibliothèque. Elle avait un goût très-vif pour les lettres et les arts et écrivit elle-même en langue russe un certain nombre d'ouvrages, de comédies et une traduction du *Bélisaire* de Marmontel. Elle ouvrit des établissements laïques d'instruction publique : ceux qui existaient jusqu'alors dépendaient des paroisses ou des monastères. Bien que la langue française ait été sous son règne fort à la mode, la littérature russe fit néanmoins des progrès considérables : Derjavine célébra dans des odes remarquables les triomphes de la Russie; son ode à Dieu a été traduite dans toutes les langues de l'Europe. Le poëte comique Von Vizine semble avoir dérobé quelques étincelles du génie de Molière : ses comédies sont encore classiques aujourd'hui.

XII

PAUL Ier. LUTTE CONTRE LA RÉVOLUTION FRANÇAISE. ALEXANDRE Ier. TRAITÉ DE TILSIT. INVASION DE LA RUSSIE. DÉFAITE DE NAPOLÉON.

Catherine, en mourant, laissait la Russie plus puissante qu'elle ne l'avait jamais été ; son fils Paul Ier ne régna que peu de temps (1796-1801) ; sa vie se termina d'une façon tragique, comme celle de son père, Pierre III. C'était un prince humain et assez intelligent : il prit des mesures pour améliorer la condition des serfs et décréta que désormais ils ne seraient tenus de travailler pour leurs seigneurs que trois jours par semaine. Passionné pour les choses militaires, il organisa son armée à la prussienne, au grand scandale du vieux Souvarov, qui trouvait qu'on pouvait parfaitement battre les Prussiens sans les imiter. Au milieu de l'émoi où la Révolution française avait jeté l'Europe monarchique, la Russie ne pouvait pas rester indifférente. Ses traditions absolutistes la précipitèrent naturellement dans la coalition austro-anglaise. Souvarov fut mis à la tête des troupes russes qui furent envoyées en Italie, où elles remportèrent sur les troupes françaises des avantages signalés. Souvarov trouva dans Joubert et Masséna de dignes adversaires; nous n'insistons pas sur ces épisodes, qui appartiennent à l'histoire de notre pays. Les excentricités du vieux général n'ont pas moins contribué que sa bravoure et sa brutalité à le rendre célèbre.

Avec le règne d'Alexandre II (1801-1825) nous entrons dans l'époque contemporaine. Il a été marqué par une longue série d'événements importants et dont les conséquences se font encore sentir aujourd'hui. Esprit généreux et mystique, Alexandre II eut plus la volonté de faire le bien que le talent de le réaliser. A l'intérieur, l'un des premiers actes de son règne fut l'organisation des ministères, au nombre de huit, substitués aux colléges imaginés par Pierre le Grand. Il créa également un conseil de l'empire, destiné à étudier les lois nouvelles et à préparer les actes les plus importants.

Il fonda les Universités de Kharkov, de Saint-Pétersbourg et de Kazan et ouvrit un grand nombre d'établissements d'instruction secondaire, gymnases, séminaires, écoles normales. La torture, encore en usage dans les tribunaux, fut définitivement supprimée sous son règne. Malheureusement, le rôle actif que joua l'empereur Alexandre dans les complications européennes détourna plus d'une fois son attention des affaires intérieures. Il s'allia à l'Autriche dans la lutte contre Napoléon et partagea avec elle la mémorable défaite d'Austerlitz. Après que l'Autriche eut signé le traité de Pressbourg (1806), il continua la lutte d'accord avec la Prusse. Mais il ne fut pas plus heureux, et, après la défaite de Friedland (1807), il dut signer la paix de Tilsit. La gravure et la légende ont popularisé l'entrevue qu'il eut à cette époque avec l'héritier couronné de la Révolution. Mais cette alliance ne dura pas longtemps. Napoléon prétendait imposer à la Russie une adhésion absolue au blocus continental; Alexandre résista. Napoléon crut qu'il viendrait à bout de la Russie comme du reste de l'Europe. Il ne se doutait ni du patriotisme des Russes ni de l'indomptable rigueur du climat moscovite. Alexandre fit appel à son peuple et ordonna une levée extraordinaire. « Que chaque noble soit un Pojarsky, chaque bourgeois un Minine! » disait une de ses proclamations. La Russie répondit avec enthousiasme à cet appel, et le poëte Joukovsky célébra dans des strophes enflammées le dévouement des guerriers à la patrie et la sainteté de la cause nationale. Cependant les troupes russes ne pouvaient lutter au début contre les 600,000 hommes que Napoléon jetait sur leur pays. Barclay de Tolly et son successeur Koutousov battirent en retraite. La première rencontre eut lieu au delà de Smolensk, auprès du village de Borodino.

L'héroïsme des Russes n'arrêta point l'élan de Napoléon, qui pénétra jusqu'à Moscou. Il espérait dicter la paix dans l'antique capitale des tsars ;

mais l'incendie de cette ville ne tarda pas à dissiper ses illusions ; harcelée par la cavalerie légère des Cosaques, poursuivie sans relâche par des paysans qui ne faisaient point de grâce aux traînards ou aux maraudeurs, la grande armée dut quitter en désordre la ville où elle avait espéré prendre ses quartiers d'hiver. Il fallut quitter la Russie ; mais le froid était venu, et l'hiver fut pour l'armée française le plus implacable des ennemis. Les Russes m onren encore avec orgueil dans la grande cour du Kremlin les huit cents canons que nous dûmes abandonner dans les plaines glacées. Le passage de la Beresina fut une effroyable déroute, et les cadavres de nos soldats jonchèrent la route où naguère ils avaient passé triomphants. Désormais la Russie allait prendre sur Napoléon une terrible revanche. Alexandre, allié à la Prusse et à l'Autriche, assista à cette bataille de Leipzig où succomba définitivement la fortune de Napoléon (1813) ; les armées russes suivirent les nôtres jusque sous les murs de Paris, où elles pénétrèrent. La paix de Paris et le Congrès de Vienne (1815) récompensèrent l'empereur Alexandre des sacrifices qu'il avait faits pour combattre la Révolution et soutenir la cause de la légitimité. Le Congrès de Vienne, qui donna une sanction européenne aux partages de la Pologne, adjugea à la Russie, sous le titre de royaume de Pologne, la plus grande partie des provinces dont Napoléon avait fait le grand-duché de Varsovie. Ce royaume devait jouir d'une constitution particulière ; mais cette clause ne fut pas longtemps exécutée.

Les luttes qu'Alexandre soutint avec d'autres nations coûtèrent moins de sacrifices à la Russie et ne furent pas moins fructueuses. Une guerre avec la Suède assura à l'empereur Alexandre la possession de la Finlande et des îles d'Aland. Dans cette campagne, les Russes, commandés par Barclay de Tolly, franchirent sur la glace le golfe de Bothnie. La Finlande, habitée en grande partie par des Finnois et par des Suédois dans les villes du littoral, ne fut pas incorporée directement à la Russie ; elle reçut le titre de grand-duché et eut une constitution particulière : plus heureuse que la Pologne et moins troublée par les révolutions elle l'a conservée jusqu'à nos jours (1809) (l'acquisition de la Finlande accrut le sol de l'empire de 684 milles carrés). La guerre contre la Turquie (1806-1812) se termina par le traité de Bukarest, qui garantissait à l'empereur Alexandre la possession de la Bessarabie (860 milles carrés). D'autre part, le dernier souverain de la Géorgie, George XII, en mourant avait légué ses États à la Russie. Pour entrer en possession de ce nouveau domaine, Alexandre eut à lutter à la fois contre les farouches tribus du Caucase et contre le chah de Perse, peu soucieux de voir se rapprocher de lui de si redoutables voisins. Il fut vaincu, et la nouvelle possession resta définitivement annexée à l'empire des tsars.

Après les traités de 1815, l'empereur Alexandre ne crut point devoir se désintéresser des affaires de l'Europe occidentale. Enivré par ses succès, il se considérait comme le grand ennemi de la Révolution et le plus ferme soutien de l'ordre et de la légitimité. Ce fut lui qui imagina entre la Russie, la Prusse et l'Autriche cette sainte alliance qui réunissait les trois États pour la défense des intérêts communs. Il inspira les congrès réactionnaires d'Aix-la-Chapelle, de Troppau, de Laybach et de Vérone, qui étouffèrent les aspirations libérales de l'Espagne et de l'Italie. A l'intérieur, les principaux agents de sa politique furent Adam Czartoryski et Speranski ; Czartoryski fit autant que possible tourner son influence au profit de la Pologne, sa patrie, et donna à ses compatriotes des espérances qui malheureusement ne se réalisèrent pas. Speranski s'appliqua à la réforme des institutions gouvernementales, notamment des finances. Le général Arakcheiev, qui obtint ensuite la confiance de l'empereur, a laissé une mémoire moins honorée que celle de Speranski, trop libéral sans doute pour son temps et qui tomba de bonne heure dans une disgrâce imméritée.

Arakcheiev exerça une influence néfaste sur son souverain ; il établit une censure ombrageuse, et soumit les universités à un régime de police tyrannique. La compression qu'il prétendait imposer à des intelligences éprises des rêves les plus généreux eut un résultat contraire à celui qu'il attendait. La Russie avait eu beau combattre la Révolution française; elle s'était pénétrée des idées de 89. La franc-maçonnerie avait recruté de nombreux adhérents : des sociétés secrètes se formèrent à Moscou, à Pétersbourg, à Vilna. Elles préparèrent la révolution qui éclata après la mort d'Alexandre.

Le règne d'Alexandre a donné à la Russie quelques-uns de ses plus grands écrivains : Karamzine, qui a laissé une histoire monumentale de son pays; Joukovsky, qui célébra la lutte de sa patrie contre Napoléon; Pouchkine, le grand poëte romantique, le Byron de la Russie; le fabuliste Krylov, le digne rival de La Fontaine; le métropolitain Platon, déjà célèbre sous le règne de Catherine et que son éloquence a fait comparer à saint Jean Chrysostome. C'est aussi sous le règne de l'empereur Alexandre que fut ouverte la bibliothèque impériale de Saint-Pétersbourg, l'une des meilleures de l'Europe, et que furent construites, dans cette ville, les deux superbes églises de Saint-Isaac et de Notre-Dame de Kazan. En 1803, les deux frégates *Nadejda* et *Neva* accomplirent le premier voyage russe autour du monde. Ce souverain généreux et mystique avait médité de donner une constitution à la Russie, qui, il faut bien le reconnaître, n'était pas encore mûre pour des institutions libérales. Il améliora la situation des paysans de la couronne, autorisa les propriétaires à affranchir leurs serfs par contrat : les provinces d'Esthonie, de Courlande et de Livonie devancèrent durant les années 1816, 1817, 1819 l'acte d'émancipation qui ne devait venir que quarante ans plus tard et transformèrent les serfs de la glèbe en fermiers. Alexandre appliqua également aux raskolniks les principes d'humanité qui réglaient sa conduite et usa vis-à-vis d'eux d'une large tolérance. Il laissa s'établir à Saint-Pétersbourg une Société biblique. L'empire fut, au point de vue de l'instruction publique, divisé en six cercles ayant chacun un curateur : ce fonctionnaire, qui répond à notre recteur, fut choisi parmi les personnages de la haute noblesse. Les cercles scolaires étaient ceux de Saint-Pétersbourg (8 gouvernements), de Moscou (11 gouv.), de Kharkov (16 gouv.), de Kazan (12 gouv.), de Vilna. Adam Czartoryski, curateur du cercle de Vilna, profita de son influence pour développer le polonisme dans les provinces lithuaniennes.

XIII

NICOLAS. INSURRECTION DE DÉCEMBRE. GUERRE DE PERSE ET DE TURQUIE. LA GRÈCE AFFRANCHIE. INTERVENTION EN HONGRIE. LA GUERRE DE CRIMÉE.

Alexandre Ier mourut sans enfants en 1825 : son frère aîné, Constantin, avait abdiqué en faveur de leur frère cadet, Nicolas. Le règne de ce prince fut inauguré par une révolution. Les idées libérales avaient pénétré en Russie; malgré les efforts du gouvernement pour les étouffer, des Sociétés secrètes s'étaient formées, ainsi qu'on l'a vu plus haut, et avaient attiré dans leur sein un grand nombre de nobles et de jeunes officiers ; ils joignaient aux aspirations les plus généreuses un idéalisme rêveur qui malheureusement n'est pas de mise en politique. Quelques-uns d'entre eux soulevèrent la garnison de Saint-Pétersbourg, aux cris de « Vive la Constitution ! » Les soldats croyaient de bonne foi que cette Constitution était la femme du grand-duc Constantin. Leur illusion fut de courte durée. Nicolas châtia durement les conspirateurs et continua les traditions réactionnaire de son prédécesseur. A l'intérieur, ses instruments de règne furent la police et la censure ; il eut le mérite d'accomplir une entreprise qui avait tenté la plupart de ses prédécesseurs : il réunit en un code organique toutes les lois de la Russie (1833). Il fit construire le premier chemin de fer de la Russie, la ligne de St-Pétersbourg à Moscou. Il traça avec une règle une ligne droite entre les deux capitales; les ingénieurs durent suivre ce tracé, en négligeant les villes importantes dont l'empereur n'avait pas tenu compte. A l'extérieur, la plupart de ses entreprises furent heureuses : à la suite d'une guerre heureuse avec la Perse, il recula les frontières de la Russie sur le Caucase et acquit les provinces d'Erivan et de Nakhitchevan. Il se posa en protecteur des Grecs et des Slaves contre la Turquie.

Depuis le début du siècle, des événements importants s'étaient accomplis dans la péninsule ottomane; les Serbes s'étaient révoltés et constitués en principauté; les Grecs avaient pris les armes et demandaient à l'Europe de consacrer leur indépendance; d'autre part, la Russie réclamait le protectorat de la Moldavie et de la Valachie et certaines rectifications de frontières sur la frontière d'Asie. Comme prince slave, comme tsar orthodoxe, Nicolas prétendait intervenir dans les affaires d'Orient. Le traité d'Akkerman lui avait donné satisfaction dans une certaine mesure (1826). Il confirmait son protectorat sur la Moldo-Valachie, assurait l'autonomie des Serbes et, clause importante pour la Russie, le libre passage des vaisseaux russes de la mer Noire dans la Méditerranée.

Mais la Sublime-Porte n'entendait pas admettre l'intervention étrangère en faveur des Hellènes révoltés : par le traité de Londres, la Russie, la France et l'Angleterre s'unirent pour mettre fin à une lutte inégale et où le sang chrétien coulait à flots; la Porte essaya de braver cette alliance; la flotte russe, de concert avec la flotte anglo-française, anéantit la flotte turque à Navarin. Le Sultan, pour venger cet affront, déclara la guerre à la Russie : les troupes russes, sous le commandement de Diebitch, franchirent le Danube, le Balkan, prirent Silistrie, bloquèrent le camp retranché de Choumla et arrivèrent à Andrinople; d'autre part, en Asie Mineure, l'armée de

Paskiévitch s'empara de Kars et d'Erzeroum. Cette campagne offre, comme on le voit, une frappante analogie avec celle de 1877. Par le traité d'Andrinople (1827), la Russie acquit les îles situées à l'embouchure du Danube, un certain nombre de forteresses sur la mer Noire (notamment le port de Poti) et la liberté du passage des Dardanelles et du Bosphore. Elle reçut en outre 110 millions d'indemnité de guerre, sans compter une indemnité considérable pour les marchands russes lésés par la Porte. Elle contribua également à faire reconnaître l'indépendance du royaume de Grèce, et celle de la principauté de Serbie, vassale de la Porte, et des principautés de Valachie et de Moldavie. Désormais la Russie fut de tous les États européens celui dont l'influence fut la plus considérable en Turquie, et chez les chrétiens d'Orient; ce prestige s'accrut encore quand Nicolas mit ses troupes et sa flotte au service de la Porte pour l'aider à combattre le vice-roi d'Égypte révolté.

A l'intérieur, l'un des épisodes les plus douloureux du règne de Nicolas fut l'insurrection polonaise de 1830, qui menaça l'empire d'un démembrement. Les promesses faites aux Polonais lors des traités de 1815 n'avaient pas été tenues; beaucoup d'entre eux espéraient pouvoir rétablir leur patrie indépendante dans les limites antérieures au premier partage; la révolution française de 1830 les confirma dans leurs espérances ; l'insurrection dont Varsovie donna le signal au mois de novembre de cette année parut d'abord devoir réussir ; les insurgés chassèrent les troupes russes, proclamèrent la déchéance de la dynastie des Romanov, organisèrent un gouvernement et une armée ; leur héroïsme excita l'admiration des libéraux français, qui du reste ne leur offrirent aucun secours ; leurs divisions et leur infériorité numérique, l'isolement où les laissa l'Europe les perdirent. Après une année de luttes, Paskievitch entra à Varsovie et fut investi des fonctions de vice-roi. Nicolas n'honora pas son triomphe par la clémence ; les libertés garanties par les traités de 1815 furent anéanties, les universités de Vilna et de Varsovie supprimées ; un statut organique remplaça la constitution polonaise ; l'une des conséquences indirectes de ces événements fut le rappel de l'*Union* dont nous avons parlé plus haut ; le gouvernement polonais avait naguère rattaché à l'Eglise catholique les orthodoxes, et l'on ne saurait prétendre que la politique ait été absolument étrangère à cet acte religieux ; le gouvernement russe, pour des raisons du même ordre, fit rentrer les Uniates dans le sein de l'Eglise orthodoxe (1830). Ainsi la religion, qui devrait n'être que l'expression des rapports intimes de l'homme avec la Divinité, devient un instrument de règne aux mains des partis ou des peuples. Pour affaiblir les seigneurs polonais le gouvernement russe prit dans les provinces occidentales les intérêts des paysans qui n'appartiennent pas à la nationalité polonaise.

L'insurrection polonaise contribua singulièrement à

entretenir le tsar Nicolas dans l'horreur du libéralisme
et des idées révolutionnaires. Il se rapprocha des
deux puissances associées au partage de la Pologne
et intéressées à y maintenir « l'*ordre* », la Prusse et
l'Autriche. Il garda vis-à-vis de la monarchie de
Juillet, issue d'une révolution, une attitude soupçon-
neuse et dédaigneuse. Peu courtois avec Louis-Phi-
lippe, il prit le deuil à la mort de Charles X. En 1846
il aida l'Autriche à supprimer la république de Cracovie, le dernier débris de l'ancienne Pologne. Il accueillit avec terreur la nouvelle de la révolution de
1848 et vit avec effroi l'unité de l'État autrichien et la
souveraineté des Hapsbourg menacée par la Hongrie,
révoltée. Aussi, quand l'empereur François-Joseph
réclama contre les Magyars le secours de ses armes,
Nicolas n'hésita pas un instant; il envoya en Hongrie
150,000 hommes et 500 canons, sous le commandement de Paskievitch : les succès du général Liders
dans la Transylvanie, du général Panioutine sous
les murs de Presbourg et de Komorn, et de Paskievitch devant Debreczin, réduisirent l'armée hongroise, commandée par Georgey, à la capitulation de
Vilagos. « La Hongrie est aux pieds de Votre Ma-
jesté », écrivait le commandant russe à son souverain. Depuis cette époque, les Hongrois ont voué à la
Russie une haine dont on a pu constater les manifestations lors des derniers événements d'Orient. Beaucoup d'entre eux enveloppent dans cette haine tous
les peuples slaves, en qui ils voient des alliés ou des

suppôts de la Russie. Le panslavisme est devenu pour eux une sorte de spectre rouge qui hante leurs imaginations et leur cache des dangers plus réels. En réalité, ce n'est pas comme représentant de l'idée slave que Nicolas avait pris parti contre eux : souverain absolu, il était venu au secours d'un vieil allié dont le trône lui semblait menacé; il était resté fidèle aux traditions de sa dynastie en combattant la révolution partout où il croyait la rencontrer.

Enivré de ses victoires, Nicolas crut le moment venu d'établir définitivement le protectorat de la Russie sur les chrétiens d'Orient. Il manifesta ses prétentions avec une hauteur qui indisposa non-seulement la Porte, habituée aux conflits avec la Russie, mais les puissances occidentales, toujours inquiètes à l'idée de voir la Russie s'établir sur le Danube et sur le Bosphore. La Turquie, envahie, trouva immédiatement l'alliance de l'Angleterre et de la France; la guerre se porta d'abord sur le Danube inférieur, où Nicolas avait occupé les principautés de Moldavie et de Valachie. (Juillet 1853.) Quand les Russes se furent retirés devant la menace d'une intervention autrichienne, elle se concentra dans la péninsule de Crimée : après les victoires de l'Alma et de Balaklava, les alliés mirent le siége devant Sébastopol (1854). Cette ville fut défendue avec un rare héroïsme, et les Russes considèrent avec raison cet épisode comme un des plus glorieux de leur histoire militaire. Les flottes anglaise et française s'emparèrent de la forteresse de Bomarsund, bloquèrent la Baltique et bombardèrent quelques points, notamment Sveaborg, sans toutefois causer de grands dommages : dans une île de la mer Blanche, le monastère de Solovetsk résista victorieusement et l'abbé reçut l'ordre militaire de Saint-Georges ; d'autre part, la guerre se poursuivit sur la frontière d'Asie Mineure, et la ville de Kars tomba aux mains des Russes. Nicolas mourut au milieu de cette lutte après avoir eu la douleur de voir ses desseins échouer et le sol de l'empire foulé par les armées étrangères. Son fils Alexandre (1855) continua la lutte ; malheureusement, la Russie méridionale n'avait pas encore de chemins de fer, et il était impossible d'envoyer des secours aux défenseurs de Sébastopol. Cette ville, admirablement fortifiée par le grand ingénieur Todtleben, commandée par Menchikov, par les amiraux Kornilov et Nakhimov et plus tard par Gortchakov, lutta avec une indomptable ténacité. Quand le bombardement eut obligé la garnison à l'évacuer, les assiégeants n'occupèrent qu'un monceau de ruines. Les Français, qui ne s'étaient pas trouvés en face des Russes depuis 1815, emportèrent une haute idée de leur valeur militaire : et ce grand duel, si honorable pour les deux parties, créa entre les officiers des deux armées des liens durables d'estime et de sympathie réciproques. Aujourd'hui, les Russes parlent avec orgueil et sans amertume de la guerre de Crimée ; bien des Français avouent que la France aurait peut-être mieux fait de ne point entreprendre une expédition qui en somme lui a rapporté plus de gloire que de profit réel. La seule puissance à laquelle cette guerre profita sérieusement fut la Sardaigne, qui eut l'habileté d'offrir son concours aux alliés et qui par ce coup hardi fit entrer sa diplomatie dans le concert des États européens. Par le traité de Paris (1856), la Russie dut restituer une partie de la Bessarabie, qui fut annexée à la Moldavie, renoncer à son droit exclusif de protection dans les principautés Danubiennes, et sacrifier sa puissance navale dans la mer Noire, déclarée mer neutre et ouverte désormais aux vaisseaux marchands de toutes les nations. L'Autriche, que la Russie avait naguère sauvée de la Révolution hongroise, n'avait rien fait pour son allié abattu. Suivant le mot de Schwarzenberg, elle avait étonné le monde par son ingratitude.

XIV

ALEXANDRE II. ÉMANCIPATION DES SERFS. INSURRECTION POLONAISE. CONQUÊTES EN SIBÉRIE, AU CAUCASE ET DANS L'ASIE CENTRALE. PROGRÈS DE L'ESPRIT LIBÉRAL EN RUSSIE.

L'échec de la Russie dans la guerre de Crimée et l'avènement de l'empereur Alexandre furent pour la Russie le point de départ d'une foule de réformes que le génie ombrageux de Nicolas n'eût jamais osé tenter. Respectueux pour la mémoire de son père, le nouveau souverain arrivait au pouvoir avec des idées sincèrement libérales. « La Russie se recueille, disait son ministre des affaires étrangères, le prince Gortchakov. » Mais ce recueillement n'était pas de l'inaction. Alexandre II n'avait pas vis-à-vis de l'instruction et de la liberté les défiances de son prédécesseur. Il rendit la vie aux universités, augmenta les écoles, diminua les rigueurs de la censure et, en abaissant le prix des passeports, permit à ses sujets de voyager plus facilement à l'étranger : les chemins de fer, les télégraphes reçurent une vive impulsion; la Russie, qui n'avait qu'une seule ligne de railways sous Nicolas, en compte aujourd'hui plus de 20000 kilom.; des traités de commerce furent conclus avec le Japon, avec la Chine et ouvrirent de nouveaux débouchés à l'activité des négociants moscovites. La durée du service militaire fut réduite; la flotte, grâce aux soins du grand-duc Constantin, considérablement augmentée.

Le régime financier fut amélioré : pour la première fois, le budget fut livré à la publicité (1862). De toutes ces réformes, la plus importante fut l'affranchissement des serfs : cette mesure fut annoncée à la nation russe par un manifeste du 19 février 1861; les serfs devinrent libres et eurent la faculté d'acquérir les terres, qu'ils cultivaient moyennant des indemnités sagement réglées par la loi. Il serait trop long d'entrer ici dans le détail de cette réforme considérable, qui a mérité à son auteur le surnom glorieux

4.

de Tsar libérateur. La noblesse accueillit avec plus de résignation peut-être que d'enthousiasme l'acte d'émancipation ; en revanche, elle demanda pour elle-même et pour le pays un peu de cette liberté qui était octroyée à ses subordonnés : sans avoir le régime représentatif, la Russie en possédait au moins le germe dans ses assemblées provinciales ; à diverses reprises, ces réunions réclamèrent pour l'empire une constitution, un régime parlementaire. Le gouvernement de l'empereur Alexandre a, non sans raison, croyons-nous, considéré ces vœux comme prématurés. Les peuples, comme les individus, ont besoin d'un certain âge et d'une certaine expérience pour mériter la liberté. Mais l'opinion publique reçut un commencement de satisfaction par l'établissement des *zemstvos*, sorte de conseils généraux où figurent des représentants des diverses classes et qui administrent les intérêts économiques des provinces. Il y a un *zemstvo* par district (ou arrondissement) et un zemstvo général par gouvernement. Cette institution n'a malheureusement pas pu s'étendre aux régions de nationalité mixte et qui sont depuis des siècles disputées par les Russes et les Polonais.

Parmi les institutions que la Russie doit encore à l'initiative éclairée de l'empereur Alexandre, il faut citer la réorganisation du système judiciaire : la procédure est devenue publique et contradictoire ; le jury a été introduit en matière criminelle, et l'auteur de ce livre a pu constater lui-même pendant un séjour en Russie avec quel sérieux les jurés russes remplissent leurs nobles fonctions ; les diverses instances qui existent chez nous ont été établies : le Sénat remplit désormais le rôle de cour de cassation. Les justices de paix ont obtenu une juridiction beaucoup plus étendue que dans notre pays. Le juge de paix est un magistrat électif : il peut en matière correctionnelle prononcer des condamnations d'une année de prison ; il est nommé par les propriétaires du canton ; appel peut être porté devant les juges de paix réunis de tout l'arrondissement.

Les peines corporelles, dont les ennemis de la Russie faisaient naguère tant de bruit, ont été abolies ; elles ne subsistent (sous la forme de coups de corde) que dans les tribunaux des paysans. Les *moujiks*, moins délicats que des occidentaux, les préfèrent, assure-t-on, à l'amende et à la prison. Les rigueurs de la censure ont été adoucies ; la presse périodique a été soumise au système des avertissements qui fonctionnait naguère sous Napoléon III. Fort restreinte en province, elle a pris dans les capitales un développement considérable.

Le développement de l'esprit libéral en Russie fut malheureusement arrêté par l'insurrection qui éclata en 1863 à Varsovie et qui de là s'étendit sur plusieurs provinces de l'ancienne Pologne. Un grand nombre de patriotes, depuis la révolution de 1830, rêvaient une revanche nationale et le rétablissement de leur patrie dans son ancienne indépendance. Pour des raisons que nous n'avons pas à examiner ici, ils n'avaient pas cru devoir profiter des embarras où la guerre de Crimée avait jeté la Russie. Ils crurent le moment favorable et malgré les efforts de quelques patriotes éminents, Zamoïski, Wielopolski, ils prirent les armes avec l'espérance d'intéresser l'Europe à leur cause : ils déployèrent une grande valeur dans des luttes inégales, organisèrent à Varsovie un gouvernement secret qui montra une indomptable énergie ; mais, malgré un mouvement sérieux de l'opinion publique dans certaines contrées, l'Europe diplomatique n'eut pour eux que de stériles sympathies : après s'être compromis par la fameuse phrase : « Les traités de 1815 n'existent plus et la Russie les foule aux pieds dans Varsovie, » Napoléon III recula ; le sang de beaucoup de braves gens coula sans profit sur les champs de bataille. Ce ne fut pas une guerre régulière comme en 1830, mais une guerilla de surprises et d'embuscades ; inférieurs en nombre et en armement, les insurgés, malgré leur bravoure, devaient fatalement succomber. La répression fut terrible, notamment à Vilna, où le général Mouraviev se signala par ses rigueurs. En Russie, l'opinion publique se montra très-surexcitée; les Polonais réclamaient l'indépendance non-seulement des pays où ils constituent la majorité ethnographique, mais même des provinces où ils ne possèdent que des colonies. Les Russes crurent l'intégrité de leur pays menacée et soutinrent avec transport leur gouvernement dans les mesures qu'il prit pour la préserver. La Prusse et l'Autriche prêtèrent à ces mesures leur plus active coopération. L'échec de l'insurrection porta un coup cruel à la nationalité polonaise ; le gouvernement russe s'efforça de restreindre par tous les moyens, surtout dans la Lithuanie et la Petite-Russie, l'influence de l'aristocratie polonaise et du catholicisme ; un grand nombre de domaines furent confisqués ; les monastères furent sécularisés ; rien ne fut négligé pour propager dans le bas peuple, assez indifférent d'ailleurs, la langue russe et l'orthodoxie. La langue russe fut définitivement introduite dans l'enseignement, la justice et l'administration ; le nom même du royaume de Pologne fut changé en celui de provinces vistuliennes. Aujourd'hui, en envisageant les choses avec sang-froid, beaucoup de Polonais estiment que l'insurrection de 1863 a été une grande faute, et que la Pologne, sous peine de devenir la proie des Allemands, doit se rallier franchement à la Russie.

L'insurrection polonaise n'arrêta pas l'extension des frontières russes du côté de l'Asie. La conquête du Caucase, malgré les efforts de l'Iman Schamyl, avait été heureusement achevée en 1859. Elle fut assurée par la construction de forteresses importantes et de routes stratégiques. L'année précédente, le territoire de l'Amour avait été annexé à la Sibérie (13,000 milles carrés). La conquête de l'Asie centrale fut poussée sans relâche avec une ténacité infatigable et un succès constant ; les Qirghiz furent soumis ; on

1865, Tachkend fut pris ; le gouverneur général du Turkestan, Kauffmann, s'empara en 1867 de Samarqand, l'ancienne résidence de Tamerlan, et obligea les khans de Boukhara et de Khoqand à reconnaître la souveraineté de la Russie ; le khan de Khiva, qui avait insulté des caravanes russes et qui se croyait protégé par l'étendue des déserts, où déjà les Russes avaient échoué en 1839, vit sa capitale emportée par eux et dut donner satisfaction à ses puissants voisins. Cette expédition de Khiva (1873) éveilla en Angleterre les plus vives appréhensions : les Anglais redoutent dès maintenant le moment où la Russie, poussant toujours plus avant sa marche victorieuse, arrivera jusqu'aux frontières de l'Inde. En 1875 l'état de Khoqand fut définitivement annexé et l'on peut prévoir le moment où Khiva aura la même destinée. La science géographique a dû à ces conquêtes de précieuses découvertes. En même temps qu'elle s'agrandissait ainsi sur ses frontières immédiates, la Russie s'allégeait d'une possession inutile en cédant aux États-Unis le territoire de l'Alaska ou Amérique russe (1867). Depuis cette époque la Russie n'a cessé d'entretenir avec la grande république Américaine les relations les plus amicales.

Durant la guerre franco-prussienne, la Russie observa une neutralité plus sympathique peut-être à l'Allemagne qu'à la France. Elle gardait un mauvais souvenir de la guerre de Crimée et plus encore de l'appui moral que nous avions prêté à l'insurrection polonaise. Lié par une vieille amitié au roi de Prusse, son oncle, le tsar applaudit aux succès de la Prusse et ne fit rien pour les empêcher. Son ministre des affaires étrangères, le prince Gortchakov, sut profiter habilement des complications européennes pour dénoncer le traité de Paris et réclamer la révision des clauses concernant la liberté de la mer Noire. Une conférence se rassembla à Londres (1871); la Russie obtint le droit d'avoir une marine de guerre dans la mer Noire. La Russie, en provoquant cette conférence, s'était défendue de vouloir rouvrir la question d'Orient. Mais cette question restera à l'ordre du jour de l'Europe tant que les chrétiens de la péninsule du Balkan auront à souffrir la domination d'une minorité musulmane. La Russie, par sa tradition historique, est devenue la protectrice naturelle des populations slaves, qui parlent une langue parente de la sienne et professent la religion orthodoxe; l'Europe occidentale n'a pas fait grand'chose pour eux, et l'Autriche, leur voisine immédiate, les a depuis longtemps abandonnés. Elle savait que la France n'avait nulle envie de recommencer l'aventure de Crimée; l'Allemagne et l'Autriche avaient promis une bienveillante neutralité. La Russie se trouva donc naturellement amenée à intervenir, quand en 1875 éclatèrent les insurrections de la Bosnie et de l'Herzégovine; en 1876, la principauté de Serbie et le Monténégro déclarèrent la guerre à la Turquie; la Serbie reçut de la Russie des secours officieux en hommes et en argent ; la diplomatie s'étant montrée impuissante à apaiser le conflit turco-slave, la Russie est elle-même entrée en campagne (juillet 1877). On sait comment, après avoir franchi le Danube, mal gardé, les troupes russes, appuyées par l'armée roumaine, ont atteint et franchi les Balkans ; comment, après la chute de la forteresse de Plevna, héroïquement défendue par Osman Pacha, et l'audacieuse surprise de Chipka, elles sont arrivées jusqu'aux portes de Constantinople. Le traité de San-Stefano, qui a mis fin à cette campagne, assure l'autonomie de la Bulgarie, l'indépendance de la Roumanie, de la Serbie, du Monténégro, agrandis, et garantit à la Russie la possession des villes qu'elle a conquises en Asie Mineure (Kars, Batoum) ; la conclusion de ce traité soulève une foule de questions qui ne sont pas encore résolues aujourd'hui et dont il serait téméraire de prétendre annoncer la solution définitive.

A l'intérieur, le développement de l'esprit public en Russie pendant les vingt dernières années a donné une vive impulsion à la presse et à la littérature. Les études historiques et d'érudition ont accompli des progrès incontestables. Sous le règne de Nicolas, malgré la censure et la compression des esprits, la littérature et la poésie avaient eu d'illustres représentants : le romancier Gogol, l'auteur des *Ames mortes* et de la fameuse comédie : *le Revisor ;* Lermontov, le poëte du Caucase ; Griboïedov, l'auteur de la célèbre comédie intitulée : *le Malheur d'avoir de l'esprit.* La génération contemporaine a donné à la Russie les romanciers Gontcharov, Tolstoï, Pisemski, Ivan Tourgueniev, dont les œuvres sont aussi populaires en France que dans son pays; les poëtes Nekrasov, Ostrovski, le dramaturge ingénieux de la vie moscovite; les historiens Pogodine, Soloviev, Kostomarov; le publiciste Herzen; les philologues Vostokov, Sreznievsky, Bouslaïev. De nouvelles universités ont été créées, des congrès scientifiques institués. Des efforts sérieux ont été faits pour créer un art national; des compositeurs tels que Glinka, Sierov, Dargomyjsky, Rubinstein ont affranchi l'opéra russe de l'imitation de l'étranger et produit des œuvres originales, malheureusement trop peu connues en Occident; des peintres tels que Ivanov et Aivazovsky, des sculpteurs comme Mikechine ont affirmé la puissance du génie russe, trop longtemps attardé par les circonstances qui ont pesé sur la patrie; les églises monumentales de Saint-Pétersbourg (Saint-Isaac, Notre-Dame de Kazan), de Moscou (l'église du Rédempteur), les splendides palais du Kremlin attestent la vigueur d'une architecture qui combine habilement les traditions nationales avec celles de l'art classique. La part importante que la Russie a prise à l'Exposition au lendemain d'une guerre formidable prouve suffisamment les progrès d'une industrie naguère tributaire de l'étranger et qui, comme la nation elle-même, marche à grands pas vers son affranchissement. Le règne de l'empereur Alexandre aura été pour la

Russie une étape décisive dans la voie du progrès; naguère attardée sur les Etats de l'Occident, elle les rattrape à grands pas, et le moment n'est pas loin sans doute où, dotée d'institutions complétement libérales, elle n'aura plus, sauf le climat, rien à leur envier.

TABLEAU CHRONOLOGIQUE

DES PRINCIPAUX ÉVÉNEMENTS DE L'HISTOIRE RUSSE

862. Arrivée de Rurik et de la Rous à Novgorod.
880. Les Russes à Kiev.
911. Traité avec Constantinople.
957. Baptême d'Olga.
988. Baptême de Vladimir : Conversion de la Russie.
1054. La Russie partagée en apanages.
1147. Première apparition de Moscou dans l'histoire.
1224. Invasions tatares : défaite sur la rivière Kalka.
1238. Invasion du Khan Baty.
1240. Victoires d'Alexandre Nevsky sur les Suédois.
1243. La Russie soumise aux Tatares.
1255. Formation du royaume de Galicie.
1328. La grande principauté de Moscou.
1340. La Galicie réunie à la Pologne.
1380. Bataille de Koulikovo.
1386. La Lithuanie unie à la Pologne.
1395. Invasion de Tamerlan.
1462. Ivan III à Moscou.
1478. Il soumet Novgorod.
1480. Fin de la domination tatare.
1505. Mort d'Ivan III, seigneur de toutes les Russies. La Russie tout entière obéit à un seul souverain.
1547. Ivan IV : il prend le titre de tsar.

1552. Conquête du Khanat de Kazan.
1553. L'imprimerie introduite à Moscou.
1569. Union définitive de la Lithuanie avec la Pologne.
1583. La Sibérie conquise par Iermak.
1584. Mort d'Ivan le Terrible.
1589. Établissement du patriarcat de Moscou.
1596. Union de l'église orthodoxe de la Russie occidentale avec l'église romaine.
1598. Fin de la dynastie des Rurikovitchs.
1604. Troubles intérieurs : les faux Dmitri.
1610. Interrègne.
1613. Élection de Michel Romanov, fondateur de la dynastie de ce nom.
1649. Publication du Code Oulojenie.
1654. La Petite-Russie se donne au tsar de Moscou.
1667. Le traité d'Androusovo la partage entre la Pologne et la Russie.
1672. Naissance de Pierre le Grand.
1682. Régence de Sophie : révolte de Streltsy.
1689. Chute de Sophie : Pierre commence à gouverner par lui-même.
1697. Premier voyage de Pierre en Europe.
1698. Révolte et destruction des Streltsy.
1700. Guerre avec la Suède. Bataille de Narva.
1703. Fondation de Saint-Pétersbourg.
1708. La Russie divisée en gouvernements.
1709. Bataille de Poltava.
1710. Acquisition de Riga, de Revel et de Vyborg.
1711. Campagne sur le Pruth. Institution du Sénat.
1717. Deuxième voyage de Pierre-le-Grand en Europe. Sa visite à Paris.
1718. Établissement des Collèges.
1721. Institution du Synode. Traité de Nystadt qui assure à la Russie, l'Esthonie, la Livonie, la Carélie et l'Ingrie.
1724. Fondation de l'Académie des Sciences.
1725. Mort de Pierre le Grand.
1741. Avénement d'Élisabeth Petrovna.

1743. Traité d'Abo.
1755. Fondation de l'Université de Moscou.
1762. Avénement de Catherine II.
1770. Guerre avec la Turquie. Victoire de Tchesme.
1772. Premier partage de la Pologne.
1774. Traité de Kaïnardji.
1783. Conquête de la Crimée.
1785. Institutions municipales.
1791. Traité d'Iassy.
1793. Annexion de la Podolie et de la Volynie.
1794. Annexion de la Lithuanie (dernier partage de la Pologne).
1796. Mort de Catherine II.
1799. Souvarov en Italie.
1801. Annexion de la Géorgie. Avénement d'Alexandre II.
1802. Établissement des ministères.
1805. Campagne d'Austerlitz.
1807. Paix de Tilsitt.
1809. Annexion de la Finlande.
1812. Invasion de Napoléon.
1815. Invasion de la France : les Russes à Paris. La Pologne érigée en royaume.
1825. Avénement de Nicolas.
1827. Bataille de Navarin.
1829. Traité d'Andrinople avec la Turquie.
1831. Insurrection polonaise.
1833. Publication du *Svod* ou Code Russe.
1839. Les provinces occidentales ramenées à l'orthodoxie. Destruction de l'*Union*.
1849. Intervention en Hongrie.
1855. Guerre de Crimée. Siége de Sébastopol. Mort de Nicolas. Avénement d'Alexandre II.
1856. Traité de Paris.
1858. Annexion du bassin de l'Amour à la Sibérie.
1860. Soumission du Caucase.
1861. Abolition du servage.
1863. Insurrection polonaise.
1864. Conquête des Russes dans l'Asie centrale.

1864-72. Soumission de Samarqand, Khoqand, etc.
1871. Révision du traité de Paris.
1873. Expédition contre Khiva.
1877. Guerre contre la Turquie. Traité de San Stefano.

TABLEAU GÉNÉALOGIQUE

DES PRINCES, TSARS ET EMPEREURS DE RUSSIE.

N. B. — Pour la période des apanages, ce tableau ne donne pas les princes des diverses principautés, mais seulement les grands princes considérés comme les chefs réels de la dynastie.

Dynastie des Rurikovitchs [1] *(ou descendants de Rurik).*

Rurik	862-879
Oleg	879-913
Igor Rurikovitch	913-945
Sviatoslav	945-972
Vladimir le Saint	980-1015
Sviatopolk	1015-1018
Iaroslav Vladimirovitch	1018-1054
Période d'anarchie	1054-1113
Vladimir II Monomaque	1113-1125

1. La terminaison *ovitch* ou *évitch* est une terminaison patronymique et veut dire *fils de*. On la trouve quelquefois abrégée en *itch*. Les Russes désignent toujours le souverain par son nom et son nom patronymique. Ainsi l'empereur actuel sera dans l'histoire Alexandre Nicolaïevitch.

Ainsi qu'on peut le voir dans le tableau ci-dessus, la série des grands princes ne se suit pas d'une façon continue.

Mstislav I‍ᵉʳ Vladimirovitch............ 1125-1132
Vsevolod II Olgovitch................ 1139-1146
André de Bogolioub.................. 1169-1174
Vsevolod III Iourievitch............. 1176-1212
Iaroslav II Vsevolodovitch........... 1238-1246
Alexandre Nevsky.................... 1252-1263
Georges Danielovitch................ 1319-1325
Alexandre Michaïlovitch............. 1325-1327
Ivan Iᵉʳ Kalita...................... 1327-1340
Siméon Iᵉʳ l'Orgueilleux............. 1340-1353
Ivan II Ivanovitch................... 1353-1359
Dmitri IV Donskoï.................. 1362-1389
Vasili III........................... 1425-1462
Ivan III Vasilievitch................. 1462-1505
Vasili IV............................ 1505-1533
Ivan IV le Terrible (premier tsar).... 1533-1584
Fedor Iᵉʳ Ivanovitch................. 1584-1598

Période des troubles.

Boris Godounov..................... 1598-1605
Fedor Borisovitch................... 1605
Les faux Dmitri..................... 1605-1606
Vasili Chouïski..................... 1606-1610
Interrègne.......................... 1610-1613

Dynastie des Romanov.

Michel Romanov 1613-1645
Alexis Michaïlovitch................ 1645-1676
Fedor III........................... 1676-1682
Ivan II (avec Pierre Iᵉʳ et Sophie).... 1682-1689
Pierre le Grand..................... 1689-1725
Catherine Iʳᵉ....................... 1725-1727
Pierre II........................... 1727-1730
Anna Ivanovna..................... 1730-1738
Ivan III............................ 1740-1741
Élisabeth Petrovna.................. 1741-1762

Branche de Holstein-Gottorp.

Pierre III 1762
Catherine II 1762-1796
Paul Ier 1796-1801
Alexandre Ier 1801-1825
Nicolas Ier 1825-1855
Alexandre II 1855

DESCRIPTION GÉOGRAPHIQUE
DE L'EMPIRE DE RUSSIE

SITUATION. — LIMITES.

L'empire de Russie s'étend du 41° au 76° degré de latitude nord et du 15° au 68° degré de longitude est. Il est borné au nord par l'océan Glacial; à l'est, par la mer de Kamtchatka, le Grand Océan et la mer du Japon; au sud, par les fleuves Oussouri et Amour, par les monts Altaï, qui le séparent de la Chine, les monts Tiangchang, Kachgar-Davan, le fleuve Amou-Daria, la mer d'Aral, les États de Boukhara et de Khiva, la mer Caspienne, une ligne conventionnelle qui s'étend entre cette mer et la mer Noire (le long de la Turquie d'Asie), la mer Noire, le Pruth, qui le sépare de la Roumanie, une ligne conventionnelle qui va jusqu'à la ville de Cracovie (le long de l'Autriche); à l'ouest, par la Prusse, la mer Baltique et les rivières Torneo, Muonio et Tana, qui le séparent de la Suède et de la Norvége.

DESCRIPTION GÉOGRAPHIQUE

DIVISIONS GÉNÉRALES. — GÉOGRAPHIE PHYSIQUE. VERSANTS ET BASSINS [1].

La Russie se divise naturellement en deux parties : Russie d'Europe et Russie asiatique.

La Russie d'Europe forme une immense plaine qui présente partout un niveau presque égal ; de légers renflements de terrain (à peine 360 mètres au-dessus du niveau de la mer) suffisent à la diviser en deux grands versants : versants du nord et du midi. Ils se subdivisent eux-mêmes en versants de la Caspienne et de la mer Noire, versants de l'océan Glacial et de la Baltique. Les monts Valdaï et des prolongements des monts Oural constituent la ligne de partage des eaux, ligne presque insaisissable et qu'on ne peut noter sur les cartes qu'en l'exagérant.

MONTAGNES.

Les seules montagnes un peu importantes de la Russie sont : la chaîne de l'Oural, célèbre par ses mines et ses minéraux et qui peut être considérée comme la limite de l'Europe et de l'Asie ; le Caucase, dont certains pics dépassent 5,000 mètres ; les montagnes de Crimée renommées pour leurs retraites salubres et leurs sites pittoresques, et les monts de Finlande, qui fournissent un granit excellent.

1. Nous avons suivi pour la plus grande partie de ce travail la géographie (russe) de M. Lebedev. 7ᵉ édition, St-Pétersbourg, 1877.

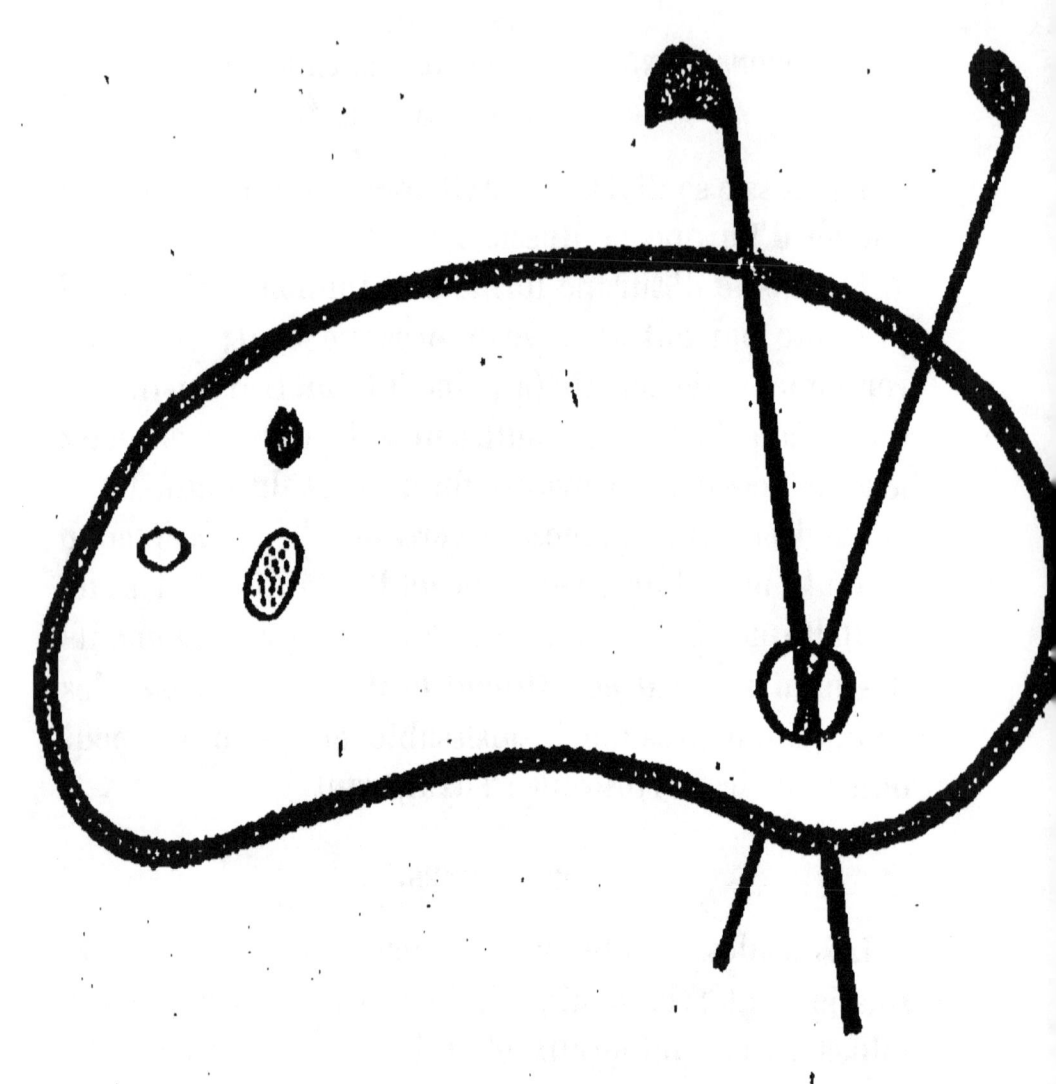

ORIGINAL EN COULEUR
N° Z 43-120-8

LA RUSSIE ET L'EXPOSITION DE 1878.

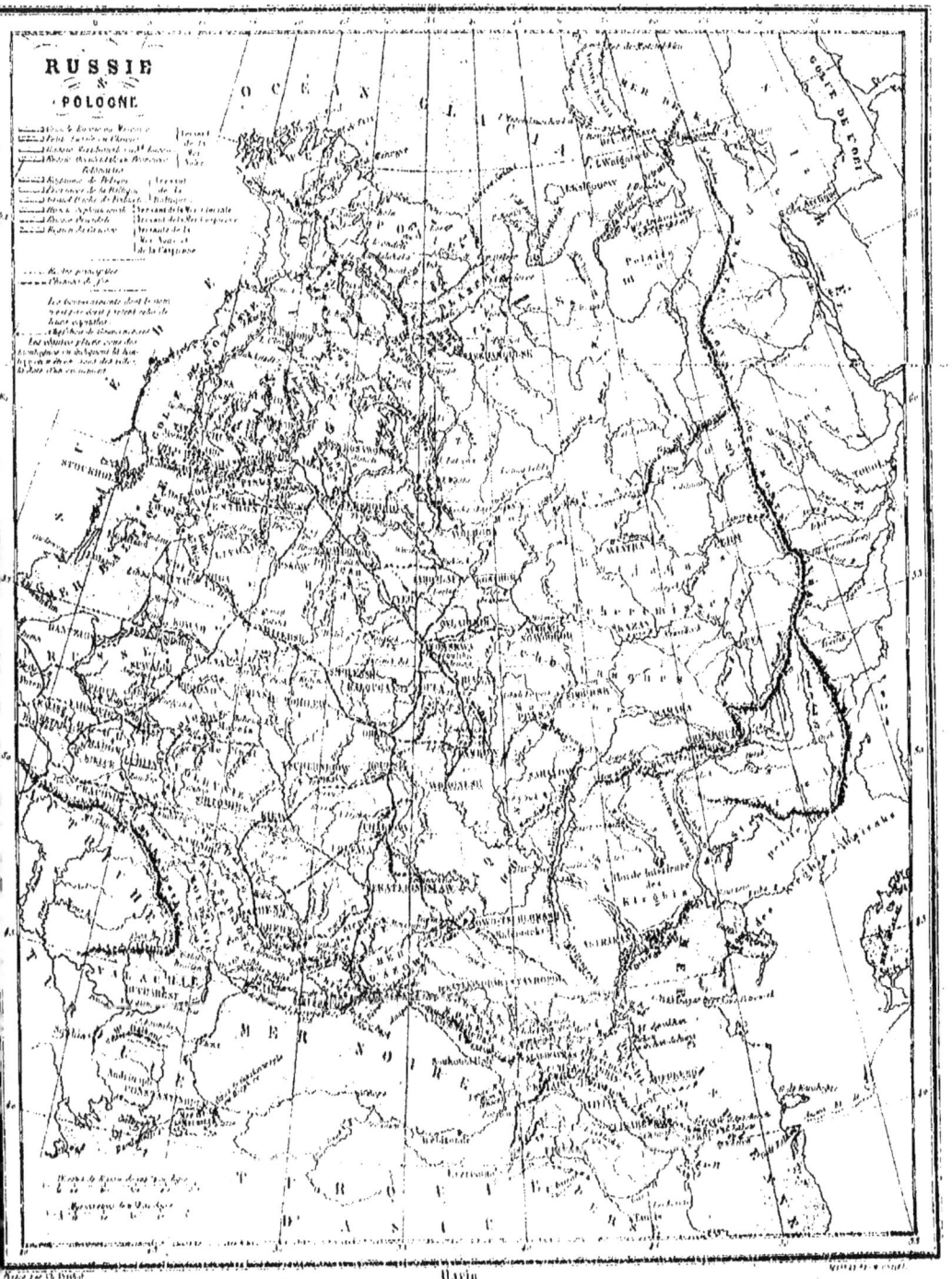

LACS. — FLEUVES.

La Russie renferme un grand nombre de lacs, dont les principaux sont : le lac Ladoga, le lac Onéga, le lac Blanc, le lac Ilmen, le lac Peïpous ; tous ces lacs sont situés aux environs du golfe de Finlande.

Les principaux fleuves sont :

Dans le bassin de la mer Blanche, la Petchora, la Dvina du Nord, l'Onéga ;

Dans le bassin de la mer Baltique, le Tornéo qui sert de frontière, le Volchov, la Dvina occidentale, le Niemen et la Vistule ;

Dans le bassin de la mer Noire, le Pruth, qui sert de frontière, le Dniestr, le Boug, le Dniepr, le Don, le Kouban ;

Dans le bassin de la mer Caspienne, l'Oural, le Volga, dont le cours a plus de 3,500 kilomètres et dont certains affluents, la Kama par exemple, ont plus de 2,000 kilomètres, et l'Oural, qui n'est pas navigable.

CANAUX.

Divers systèmes de canaux rattachent la mer Noire et la mer Caspienne à la mer Baltique.

Les principaux systèmes sont :

Le système Mariensky (ou de Marie), qui réunit la Cheksna (affluent du Volga) à la Neva et met par conséquent Astrakhan en communication avec Pétersbourg.

Le système de Tikhvin, qui réunit le lac Ladoga au Volga et remplit le même office que le précédent : il est surtout réservé à la petite navigation. Les bateaux qui font le service de ce système s'appellent *Tikhvinki*.

Le système Vychnievolotsky complète les deux précédents.

Le système du duc de Wurtemberg réunit la Cheksna, affluent du Volga, à la Soukhona, affluent de la Dvina du Nord.

Le bassin de la mer Noire et celui de la mer Baltique sont réunis par trois systèmes : le plus important met le Dniepr et le Boug en communication avec la Vistule et assure aux blés de la Petite-Russie un débouché facile dans les régions du nord-ouest.

CLIMAT.

Le climat de la Russie est, à latitudes égales, plus froid que celui du reste de l'Europe ; les vents de l'océan Glacial arctique y soufflent librement sans rencontrer d'obstacles ; la température pendant l'hiver descend quelquefois jusqu'à — 40°. Le printemps et l'automne sont également très-courts ; les étés sont brûlants et, à cause de la brièveté des nuits, plus chauds peut-être que dans l'Europe méridionale. Tout le monde connaît la page éloquente où Joseph de Maistre s'est plu à dépeindre le charme de ces nuits si courtes, « plus douces et plus calmes que dans les plus beaux climats. »

La Russie, au point de vue climatérique, peut se diviser en sept zones :

1° La zone des glaces, comprenant la Nouvelle-Zemble et une partie de la Laponie ;

2° La zone des *tundras*, où ne croissent que les mousses et les arbustes à baies (on appelle tundras des régions marécageuses presque constamment gelées à une certaine profondeur) ;

3° La zone des forêts de sapins, où commencent à croître l'orge, l'avoine et le seigle ;

4° La zone des arbres à feuilles, où croissent le blé, le seigle, le chanvre (du 60° au 55° degré de latitude) ;

5° La zone des céréales (du 55° au 48° degré), où croissent les céréales, le tabac et certains arbres fruitiers ;

6° La zone du maïs et de la vigne, qui va jusqu'à la mer Noire et à la Caspienne ;

7° La zone de l'olivier, de la soie et de la canne à sucre, qui comprend les régions transcaucasiennes.

NATIONALITÉS.

L'empire russe est habité par des peuples de nationalités diverses que les circonstances ont groupés autour d'une nationalité dominante. Voici la statistique approximative de ces diverses nationalités :

Grands-Russes...................	34 085 391
(soit 40 0/0 de la population totale).	
Russes-Blancs...................	3 575 815
Petits-Russes...................	14 239 129
Polonais	5 000 000
Lithuaniens	2 478 482
Allemands.....................	962 710
Juifs..........................	2 570 674
Finnois de la Baltique...........	1 076 433
Finnois du Nord................	1 290 883
Tatars, Bachkirs, Kalmouks, etc.....	2 990 063

La langue officielle de l'empire est le dialecte grand-russe que l'on parle à Moscou.

Les ethnographes comptent dans tout l'empire de Russie jusqu'à 111 peuples différents : les Grands-Russes occupent la Russie centrale; les Russes-Blancs, les gouvernements de Vitebsk, Mogilov, Minsk, Grodno et Vilna; les Petits-Russes sont établis dans les gouvernements de Kharkov, Poltava, Kiev, Podolie, Tchernigov, Volynie, Koursk et Voronéje; les Polonais occupent le royaume de Pologne et certaines parties des pays petits-russes et blancs-russes; les Lithuaniens occupent les gouvernements de Kovno, Vilna, Grodno, une partie de la Courlande et de la Livonie. Les Finnois de la Baltique sont établis en Finlande; les Allemands, dans les provinces baltiques; les Juifs dominent dans les pays qui ont autrefois appartenu à la Pologne; tous les autres peuples sont dispersés à l'est et au sud-est de l'empire. La race russe, par sa situation centrale et sa force d'expansion, était nécessairement appelée à dominer cet ensemble de peuples sans cohésion.

RÉGIONS GÉOGRAPHIQUES.

On a vu plus haut quelles sont au point de vue administratif les divisions de la Russie : au point de vue géographique, on peut, d'après les conditions climatériques et l'industrie des habitants, la diviser en dix régions distinctes : 1° région du Nord ; 2° région de la Baltique ; 3° région des plaines et des marécages ; 4° région manufacturière ; 5° région minière ; 6° région agricole ; 7° région des steppes. La Russie asiatique se divise en : Caucase, Sibérie, et Asie centrale.

Nous allons étudier successivement chacune de ces régions.

RÉGION DU NORD.

Elle comprend les gouvernements d'Arkhangel, de Vologda et d'Olonets.

Le gouvernement d'Arkhangel est à lui seul plus vaste que la France, la Belgique et la Hollande réunies ; mais, vu les conditions climatériques et l'infécondité du sol, il n'a qu'une population de 285,000 habitants, parmi lesquels on compte un certain nombre de Lapons et de Samoïèdes. La chasse, la pêche et l'exploitation des forêts sont les principales industries de la contrée. Chef-lieu Arkhangel (19,540 habitants). C'est le port de mer le plus important de l'océan Glacial. Le monastère de Solovetsk, situé dans une île de la mer Blanche, attire de nombreux pèlerins.

Le gouvernement de Vologda (chef-lieu Vologda, 17,223 habitants) est habité en partie par des Zyrianes et aussi pauvre que celui d'Arkhangel.

Le gouvernement d'Olonets (chef-lieu Olonets, 1,344 habitants) fournit en grande quantité du gibier, d'excellent granit et des fourrures. Sur l'Onéga se trouve l'importante usine de Petrozavodsk (fonderie de fer).

RÉGION DE LA BALTIQUE.

Elle comprend le grand-duché de Finlande, les gouvernements de Saint-Pétersbourg, de Pskov, de Novgorod et les provinces baltiques.

La Finlande, dont nous avons indiqué plus haut les divisions administratives, a pour capitale Helsingfors (52,312 habitants); villes principales : Vyborg, Abo, Uleaborg. La pêche, l'exploitation des forêts et des carrières de granit, et le commerce maritime, sont les industries principales. Le pays est tour à tour montueux, boisé, marécageux, le climat malsain.

Le gouvernement de Saint-Pétersbourg, malsain et humide, doit sa richesse à la capitale, qui offre à l'activité humaine les plus larges débouchés. Saint-

Pétersbourg (667,963 habitants) a été bâti, comme Venise, au milieu des eaux, par un véritable tour de force du génie humain. C'est l'une des plus belles résidences de l'Europe. Nous avons cité plus haut quelques-uns des principaux monuments dont les empereurs l'ont embelli (Saint-Isaac, Notre-Dame de Kazan, le Palais d'hiver, l'Hermitage avec son admirable musée, la statue de Pierre le Grand, etc.). Ses manufactures produisent annuellement pour 60 millions de roubles. Le chemin de fer met Saint-Pétersbourg en communication avec Moscou, Berlin, Varsovie, Vienne et la Finlande. Le port militaire de Cronstadt est remarquable par ses bassins et ses fortifications. Tsarskoe Selo, Peterhof, Pavlovsk et Gatchina sont célèbres par leurs parcs et leurs châteaux, Pulkovo par son observatoire.

Le gouvernement de Novgorod est, comme les précédents, couvert d'eaux et de forêts; la chasse, la pêche, l'exploitation des bois, la navigation en sont les principales industries. Novgorod (17,093 habitants) est célèbre par ses monuments et par le rôle qu'elle a joué dans l'histoire de la Russie. Valdaï, qui possède une importante fonderie de cloches, a donné son nom au plateau qui constitue la ligne de partage des eaux. Le gouvernement de Pskov, soumis aux mêmes conditions climatériques, n'offre rien de spécialement intéressant. Pskov (22,370 habitants) renferme d'intéressants débris de l'antiquité et a été le siége d'une importante république.

Les provinces baltiques proprement dites sont les trois gouvernements d'Esthonie, Livonie et Courlande ; ils sont habités par des Lettons, des Esthes et des Allemands, qui prétendent dominer sur les autres peuples, traités par eux de races inférieures. Le sol est humide ; mais le climat est moins rigoureux que dans l'extrême nord de la Russie, l'agriculture est florissante ; les céréales viennent admirablement ; l'élève du bétail donne des produits excellents. Les villes les plus importantes sont : en Esthonie, Revel (31,400 habitants), port de commerce et forteresse, renommée pour ses bains de mer ; en Livonie, Riga (102,443 habitants), tête d'une ligne de chemins de fer qui, par Smolensk et Orel, se prolonge jusqu'au Volga : manufactures et distilleries ; industrie considérable ; c'est le deuxième port de la Baltique ; Dorpat, qui possède une Université allemande ; en Courlande, Mittau (22,185 habitants), ancienne capitale des ducs de Courlande, célèbre par le séjour qu'y fit Louis XVIII, émigré. Libau, dont le port ne gèle jamais et qui est rattaché à Kovno par un chemin de fer.

RÉGION DES PLAINES ET MARÉCAGES.

Elle comprend des marais immenses et des bois complétement inaccessibles à l'homme, à cause de leur humidité, et des plaines fertiles et bien cultivées. Les marais de Pinsk n'ont pas moins de 1,000 milles carrés et sont les plus vastes de l'Europe. Des maladies épidémiques y règnent constamment (notamment une maladie redoutable du cuir chevelu, la *plica polonica*); le bétail même y dépérit ; les habitants de ces contrées sont les plus misérables de l'empire ; ils appartiennent à quatre races différentes (Polonais, Russes-Blancs, Lithuaniens et Juifs). Cette région comprend les gouvernements de Vitebsk, Mogilev, Minsk, Grodno, Vilna et Kovno. Ils sont, comme presque tous les gouvernements de la Russie, désignés par le nom de leur chef-lieu.

Vitebsk a 31,182 habitants ; Dunabourg, dans ce gouvernement, est une forteresse importante qui protège à la fois les lignes de Riga-Orel et de Varsovie-Pétersbourg.

Mogilev (40,431 habitants) est le siège d'un archevêque catholique dont le diocèse s'étend sur toute la Russie orientale. Minsk (35,563 habitants) n'offre rien de remarquable. Dans le gouvernement de Grodno (31,060 habitants) se trouvent d'importantes fabriques de draps et la forteresse de Brest Litovsk. Vilna (64,217), ancienne capitale de la Lithuanie, est établie dans une situation pittoresque. Elle a eu jadis une université, possède une bibliothèque et un musée remarquables et a joué dans l'histoire un rôle considérable.

Kovno (33,054), sur le Niemen, est un entrepôt important pour le trafic du blé. C'est dans les régions lithuaniennes que se conservent encore quelques rares spécimens de l'aurochs.

Les dix gouvernements qui composent l'ancien royaume de Pologne, en style officiel pays vistulien, peuvent être considérés comme appartenant à la même région ; toutefois la partie méridionale est remarquablement cultivée, produit en abondance les céréales, la betterave et le bétail. La population est uniquement composée de Polonais et de Juifs. Les Russes ne représentent que l'élément administratif ou militaire.

Les villes sont nombreuses ; l'industrie développée. Les dix gouvernements sont ceux de : Varsovie, Kalisz, Kielce, Lomza, Lublin, Piotrkow, Plock, Radom, Suwalki, Siedlce.

Varsovie (258,186 habitants), ancienne capitale de la Pologne, est une ville élégante, aussi remarquable par ses monuments et ses parcs que par les événements historiques dont elle a été le théâtre. Elle a de nombreuses fabriques et un commerce considérable (une grande partie se trouve aux mains des Juifs). Les autres villes sont peu peuplées : Lublin, la plus importante après Varsovie, n'a que 24,456 habitants ; Kalisz en compte 21,858 ; Czenstochowa, dans le gouvernement de Kalisz, est un lieu de pèlerinage célèbre ; Varsovie, Ivan Gorod, Zamosc, Novogeorgievsk ont des forteresses ; la ville de Wierzbolowo (Wirballen), dans le gouvernement de Suwalki, est la plus importante de toutes les douanes russes.

RÉGION CENTRALE OU MANUFACTURIÈRE

Elle comprend les gouvernements de Smolensk, de Tver, d'Iaroslavl, de Moscou, de Vladimir, de Nijni-Novgorod, de Riazan, de Toula et de Kalouga.

Cette région est arrosée par des rivières importantes, notamment le Volga et l'Oka; le climat est sain, quoique rigoureux; l'agriculture et l'industrie s'y combinent heureusement pour assurer aux habitants une prospérité relative.

Le gouvernement de Smolensk se rattache encore par certaines de ses parties à la région des forêts (Smolensk, 24,000 habitants).

Le gouvernement de Tver est surtout prospère par les industries qui se rattachent à la navigation du Volga. Tver (38,246 habitants), chef-lieu d'une ancienne principauté; Rjev, port sur le Volga; Torjok, broderies d'or estimées.

Le gouvernement d'Iaroslavl, marécageux au nord, fournit du lin et de la toile pour 10 millions de roubles par an; les habitants sont renommés pour leur esprit actif et industrieux. C'est parmi eux que se recrutent les meilleurs jardiniers de la Russie centrale. Iaroslavl (26,429 habitants) possède un excellent lycée juridique. Le village de Velikoié livre par an jusqu'à 100,000 pièces de toile.

Le gouvernement de Kostroma est voué presque tout entier à l'industrie forestière. Grande fabrication d'objets en écorce de tilleul, qui remplace la toile d'emballage. Le fondateur de la dynastie des Romanov était originaire des environs de Kostroma (29,544 habitants).

Le gouvernement de Nijni-Novgorod (ou Novgorod l'Inférieure) (44,100 habitants) possède des usines d'acier et de serrurerie. Le chef-lieu, situé dans une position pittoresque au confluent du Volga et de l'Oka, est chaque année le théâtre d'une foire où s'échangent les produits de l'Europe, de la Perse, de la Chine et de la Sibérie. Les transactions atteignent en moyenne 200 millions de roubles. Les opérations se répartissent à peu près ainsi qu'il suit : 27 0/0 sur les cotons, les soies, les toiles de la Russie centrale ; 23 0/0 sur les métaux de l'Oural ; 30 0/0 sur les cuirs et les fourrures de Sibérie ; 11 0/0 sur les farines, les poissons salés, les eaux-de-vie et le sucre ; 9 0/0 sur le thé, les articles de mode, etc. Le nombre total des visiteurs de la foire est estimé à plus de 100,000.

Le gouvernement de Vladimir est l'un des plus peuplés et le troisième au point de vue manufacturier (industrie du coton, toiles, etc.). Le chef-lieu renferme d'intéressants monuments de l'ancienne architecture russe (16,422 habitants). Souzdal a été naguère le chef-lieu d'une principauté.

Le gouvernement de Moscou est, au point de vue manufacturier, le premier de la Russie. Moscou est le centre réel du réseau des chemins de fer russes qui rayonnent au nord vers Vologda, à l'ouest vers

Pétersbourg, Riga et Varsovie, à l'est vers Nijni-Novgorod, au sud vers Riazan, Koursk, Kiev et Odessa. Moscou, seconde capitale de l'empire (611,974 habitants), est également remarquable par son histoire et par ses monuments. Son Krémlin, ses trois cent soixante églises aux coupoles multicolores, en font une des villes les plus prodigieuses de l'Europe. Le monastère de la Trinité, sur la route d'Iaroslavl, le champ de bataille de Borodino se trouvent également dans ce gouvernement.

Les gouvernements de Kalouga, Toula et Riazan travaillent surtout le chanvre, le fer et le cuivre. Kalouga (38,668 habitants) fait un grand commerce de chanvre et de blé. Toula (37.374 habitants) fabrique des articles de cuivre et possède une manufacture d'armes de l'État. Riazan (19,000 habitants) fait surtout le commerce du blé.

RÉGION DE L'OURAL OU DES MINES.

Les marais et les bois occupent une partie de cette région peu propre à l'agriculture. Elle a pour habitants outre les Russes, des Tatares, des Tchouvaches, des Mordvines, des Bachkirs, etc. Elle fournit à la Russie le quart de l'or exploité dans l'empire, tout le platine, toute la fonte, les deux tiers du cuivre et un tiers du sel.

Elle comprend les gouvernements de Kazan, de Viatka, de Perm, d'Oufa et d'Orenbourg.

Kazan (87,769 habitants), l'ancienne capitale du khanat de ce nom, est aujourd'hui le siége d'une Université florissante et d'une Académie théologique. Elle fait un grand commerce avec la région du Volga.

Viatka (21,249 habitants), située sur la rivière de ce nom, commerce avec Arkhangel et la Sibérie.

Perm (22,288 habitants), sur la Kama, sert d'entrepôt pendant l'hiver aux marchandises sibériennes qui sont ensuite expédiées sur le Volga supérieur, et aux marchandises européennes qu'on dirige vers la Sibérie. Le gouvernement de Perm renferme des fonderies considérables, notamment celles d'Écatherinenbourg (où l'on frappe de la monnaie de cuivre). La foire d'Irbit est la plus importante de la Russie, après celle de Nijni-Novgorod.

Le gouvernement d'Oufa (26,017 habitants) possède une manufacture d'armes blanches.

Orenbourg (33,623 habitants) est le point de départ des caravanes qui se rendent dans l'Asie centrale.

RÉGION DE LA TERRE NOIRE.

Elle comprend les gouvernements de Podolie, Volhynie, Kiev, Tchernigov, Poltava, Kharkov, Koursk, Orel, Tambov, Voroneje, Saratov, Penza, Simbirsk et Samara.

Cette région peut être considérée comme le grenier de la Russie et même d'une partie de l'Europe;

la terre noire qui la recouvre a une profondeur moyenne de deux mètres et fournit, sans jamais s'épuiser, le blé, le seigle, l'orge, la betterave et le tabac. Après la culture des céréales, l'industrie sucrière joue un grand rôle dans les gouvernements de Podolie, de Kiev, de Kharkov, de Tchernigov et de Koursk. Cette région fournit également la moitié de l'eau-de-vie de grains consommée en Russie. L'élève du bétail est aussi très-florissante; la population se compose de Grands-Russes, de Petits-Russiens; et l'on trouve des Polonais dans les gouvernements de Podolie, de Volhynie et de Kiev.

La Podolie a pour chef-lieu Kamenets (22,611 habitants); la Volhynie, Jitomir (38,881 habitants). Kiev, chef-lieu du gouvernement de ce nom (127,251), est l'une des plus anciennes villes russes et renferme des monuments d'un haut intérêt, notamment le fameux monastère des Cryptes, où fut écrite la première chronique russe. Foire importante; université; le chemin de fer rattache Kiev à Moscou, à Odessa, à Lemberg, à Varsovie, à Vilna. Berditchev (52,563 habitants), uniquement habitée par des Juifs, est la Jérusalem de la Russie. Poltava (33,079 habitants) est célèbre par la victoire que Pierre le Grand remporta sur Charles XII (1709). Kharkov (87,023 habitants), ville d'Université, est un centre commercial important. Tchernigov (25,026 habitants) a été autrefois chef-lieu de principauté; Niejino, dans le même gouvernement, est le siège d'un

Institut historico-philologique. Koursk (31,954 habitants) a une foire annuelle. Orel (44,281 habitants) est en communication par le chemin de fer avec la Baltique et le Volga, par l'Oka avec Nijni-Novgorod. Briansk possède un arsenal et une fonderie de canons. Tambov (26,403 habitants) a des fonderies de canons. Voroneje (44,955 habitants) est un entrepôt considérable pour le commerce de blé et de graisse. Penza (30,462) a une pépinière de l'État et une École d'agriculture. Simbirsk (26,822), sur le Volga, est la patrie de l'historien Karamzine. Samara (34,418), sur le Volga, et Saratov (84,418), également sur le Volga, ont deux ports fort animés et un trafic considérable. On rencontre dans ces deux gouvernements des colonies allemandes, notamment Ekaterinenstadt et Sarepta, renommée par sa moutarde et son tabac. Les Tatares de cette contrée se livrent à la fabrication du koumys (lait de jument fermenté), remède fort à la mode en Russie, notamment pour les maladies de poitrine. Tsaritsyne, sur le Volga, est à l'est la tête de la ligne qui part de Riga et met la Baltique en communication avec le Volga.

RÉGION DES STEPPES.

Elle comprend les gouvernements de Bessarabie, de Kherson, d'Ekaterinoslav, de Tauride, d'Astrakhan, de Stavropol, le territoire des Cosaques du Don et des Cosaques de l'Oural.

On appelle steppes d'immenses plaines dont le sol terreux ou sablonneux recouvre une couche de grès, de granit ou de gneiss ; les racines des arbres ne peuvent prendre dans ce sol peu profond ; il se couvre au printemps d'une végétation intense qui disparaît sous les ardeurs de l'été. La seule industrie qui réussisse bien dans ces conditions est l'élève du bétail, notamment des chevaux et des mérinos. Cependant l'agriculture défriche et sème chaque année des espaces considérables. Sur les bords de la mer Noire et de la Caspienne, en Bessarabie, en Crimée, auprès d'Astrakhan, on trouve du raisin, et la fabrication du vin a fait de sérieux progrès. La Crimée donne des fruits excellents ; elle a, comme la Provence, un climat particulier, analogue à celui de l'Italie.

La steppe abonde en lacs salins qui fournissent la moitié du sel consommé dans tout l'empire, et en mines de charbon (dans le bassin du Don).

La population de ces régions est fort mélangée : on y rencontre des Grands-Russes, des Petits-Russes, des Bulgares, des Serbes, des Allemands, des Valaques, des Tatares, des Kalmouks, des Kirghiz, des Juifs, etc.

La Bessarabie a pour capitale Kichenev (102,427 habitants). Elle est riche en fruits et produit des vins et des tabacs estimés. Bender est célèbre par la captivité de Charles XII. Kherson, chef-lieu du gouvernement de ce nom (128,070 habitants), a un port de commerce sur la mer Noire. Nicolaiev est le grand port militaire de la région. Odessa (157,160 habitants) est le deuxième port de commerce de l'empire. C'est une ville cosmopolite, où les Grecs et les Juifs sont en majorité. Elle possède une université. Le gouvernement de Tauride ou Crimée, chef-lieu Simféropol (52,585 habitants), est le plus pittoresque de la Russie; villes principales : Sébastopol, port militaire célèbre par le siége qu'il a subi en 1854-55; Bakhtchiséraï, ancienne résidence des khans de Crimée; Balta, Livadia, Aloupka, célèbres par la douceur de leur climat et leurs vins. Berdiansk, sur la mer d'Azov, a un port qui peut contenir deux mille bâtiments de commerce. Le gouvernement d'Ekaterinoslav (chef-lieu du même nom, 33,073 habitants) a sur la mer d'Azov le port de Taganrog et sur le Don celui de Rostov, l'un des grands entrepôts des provinces méridionales.

Le territoire des Cosaques du Don a pour chef-lieu Novo-Tcherkask (33,008 habitants). Les Cosaques ont une organisation à la fois agricole et guerrière. Le territoire des Cosaques de l'Oural a pour chef-lieu Ouralsk (17,590 habitants), sur la rivière du même nom.

Astrakhan, que nos cartes représentent comme située à l'embouchure même du Volga, est encore à 90 kilomètres de la mer (48,220 habitants). C'est pour le commerce du poisson le premier port de l'empire. On y fait avec les œufs d'esturgeon un *caviar* renommé.

RUSSIE ASIATIQUE.

La Russie asiatique comprend le Caucase, la Sibérie et l'Asie centrale.

LE CAUCASE.

Le Caucase forme un gouvernement spécial dont le chef a le titre de lieutenant. Il comprend : le gouvernement de Stavropol, qui, au point de vue physique, se rattache à la région des steppes ; les provinces du Kouban, du Terck, du Daghestan, les gouvernements de Koutaïs, de Tiflis, d'Erivan, d'Élisabethpol et de Bakou.

La chaîne du Caucase s'étend de la mer Noire à la Caspienne : aux pieds de cette chaîne et de ses contreforts est une vallée pittoresque et fertile dont le climat et la végétation sont analogues à ceux de la Crimée. Le bassin du Rion (affluent de la mer Noire) offre des terrains marécageux où se développe une luxuriante végétation ; la vallée de l'Araxe ou Arménie est également des plus fertiles ; la Kachétie, dans le bassin de la Koura, offre des vignobles remarquables.

La région du Caucase n'a qu'une population de 4,500,000 habitants ; on calcule qu'avec sa fécondité extraordinaire elle pourrait en nourrir 37 millions.

Les principales industries sont naturellement la culture des fruits, la fabrication du vin, qui emprunte malheureusement aux autres où on le garde un goût désagréable, l'élève des vers à soie et du bétail, l'agriculture ; les montagnes fournissent de l'argent, du cuivre, du sel, du charbon, du naphte. Les fabriques du pays produisent par an pour environ 2,500,000 roubles. Les montagnards fabriquent avec un art admirable des harnais, des armures, des objets en métal ou en filigrane.

On divise les habitants de la région en trois catégories : les montagnards (Abkhazes, Tcherkesses, Lesghiens, Ossètes), les Transcaucasiens (Géorgiens, Ratares, Persans, Kurdes) et les Cosaques du Kouban et du Terek. Sans entrer dans la description détaillée des provinces, nous ne signalerons que les villes les plus importantes :

Derbent s'élève au nord du Caucase, sur la mer Caspienne (15,101 habitants). Tiflis, chef-lieu du gouvernement (70,800 habitants), est rattaché par un chemin de fer à Poti, le port le plus important du Caucase sur la mer Noire. Érivan et Alexandropol sont deux forteresses importantes. Bakou a un port sur la mer Noire.

LA SIBÉRIE.

La Sibérie est divisée au point de vue administratif en deux parties : la Sibérie orientale, qui comprend les gouvernements de l'Inisoï et d'Irkoutsk, les territoires d'Iakoutsk, du Transbaïkal, de l'Amour et du littoral; la Sibérie occidentale, qui comprend les gouvernements de Tobolsk et de Tomsk.

Elle se divise au point de vue climatérique en quatre zones.

La première est celle des tundras, sortes de marais presque toujours gelés où ne croissent que les baies sauvages. La région dite *taïga* ne produit que les arbres du Nord (sapin, bouleau, etc.); le froid, la chaleur et l'humidité la rendent presque inhabitable. La région des steppes, qui vient ensuite, produit du blé excellent. Enfin au midi s'étend la région des montagnes (monts Altaï, monts Alatau, Saïansk, Stanovoï, monts du Kamtschatka, etc.). Ces montagnes arrêtent les vents chauds du midi; d'autre part, la Sibérie est ouverte de tout côté aux souffles glacés du pôle. De là la rigueur de son climat bien plus âpre sous les mêmes latitudes que celui de la Russie européenne. Les fleuves les plus considérables de la Sibérie sont : l'Obi (plus de 4,000 kilomètres), dont certains affluents, comme l'Irtich, ont près de 3,000 kilomètres; l'Ienisoï (3,000 kilomètres), la Lena, (4,000 kilomètres), l'Amour (3,000 kilomètres).

La Sibérie est pour la Russie ce qu'est pour les États-Unis le Far-West américain, une source de richesses inépuisables. Les Russes l'appellent eux-mêmes un puits d'or. Mais la colonisation européenne est encore trop peu nombreuse pour qu'on puisse exploiter ces richesses par des procédés rationnels et scientifiques.

« Les ressources de la Sibérie sont immenses, dit un voyageur anglais, M. Herbert Barry. Peu de gens se rendent compte de son importance. Ses richesses minérales sont presque inexplorées ; elles ne sont explorées que sur quelques points, et cela d'une façon peu satisfaisante et dans les plus mauvaises conditions. Pour juger de leur importance, il suffit de considérer les monts Ourals, qui s'étendent du nord au sud avec un développement de 1,200 milles. On sait que leurs flancs recèlent de l'or en plus ou moins grande quantité sur toute la longueur de la chaîne ; on n'a attaqué que quelques filons et encore d'après un système d'exploitation défectueuse. Voyez aussi quelle quantité de cuivre produit ce pays, quoique les établissements métallurgiques soient si clair-semés. Il en est de même du fer et des autres métaux ; tous sont exploités avec négligence.

« Chaque fois que je traverse la Sibérie, je me demande pourquoi nos compatriotes s'en vont coloniser les antipodes. Ici, moins loin de chez eux, ils peuvent avoir des terres plus fertiles et à meilleur compte que dans la plupart des colonies ; ils trouveront la vie et la main-d'œuvre moins chères, et ils jouiront de plusieurs avantages de la civilisation dont ils sont privés aux colonies…. Ici, non-seulement l'agriculture, mais toutes les entreprises industrielles, sont lucratives, et un homme de sens et de courage est assuré de faire fortune…. Beaucoup, ou plutôt la plupart des négociants établis en Sibérie, sont fils de leurs œuvres. L'un d'entre eux me disait, il y a peu de temps : « Il y a vingt ans je suis arrivé dans cette « ville avec 800 roubles, et j'en ai fait 5 millions. « C'est un bon pays pour travailler. » (Herbert Barry, *la Russie contemporaine*, traduction Arvède Barine.)

Les industries principales de la Sibérie sont : l'agriculture, l'élève du bétail, la chasse, la pêche et l'exploitation des mines. Les fourrures rapportent chaque année 3,000,000 de roubles. L'industrie minière occupe 40000 ouvriers : on trouve de l'or, du fer, du zinc, du cuivre, du graflte, des pierres précieuses. La Sibérie envoie la plupart de ses produits bruts en Russie ; elle en reçoit en échange les produits manufacturés, qu'elle achète aux grandes foires d'Irbit et de Nijni-Novgorod ou qu'elle fait venir directement de Moscou et de Pétersbourg.

La population de la Sibérie (10 millions environ) se partage par moitié entre les indigènes et les colons russes. Les Russes se sont établis dans les contrées les plus fertiles, dans le bassin supérieur de l'Obi, de l'Ienisei et dans les environs du lac Baïkal. Un grand nombre d'entre eux sont des déportés pour délits de droit commun ou délits politiques. Les habitants indigènes sont : les Vogouls, les Samoïèdes, les Ostiaks, les Toungouzes, les Kamtchadales, les Tatares, les Teleutes, les Iakoutes, les Bouriates, les Mongols.

Villes principales :

Tobolsk, chef lieu de gouvernement (18,481 habitants) ; Tumen (15,212), où se tient une foire annuelle ;

Tomsk (29,481), chef-lieu de gouvernement; Barnaul, qui possède une école des mines; Krasnoïarsk, centre de l'exploitation des mines d'or; Irkoutsk (32,789 habitants), le siége du gouvernement de la Sibérie orientale; Nertchinsk, célèbre par ses mines d'argent. Kiakhta, sur la frontière chinoise, est le principal comptoir de commerce avec la Chine. C'est par Kiakhta, que vient le thé de caravane, plus estimé que celui qui vient par mer en Occident. Vladivostok est le meilleur port de la mer du Japon.

ASIE CENTRALE.

Le gouvernement général du Turkestan comprend les provinces de Semirietché (des Sept-Rivières), du Syr-Deria, du Ferghan, du Zerefchan et de l'Amou-Deria; les territoires de Semipalatinsk et d'Akmolinsk sont soumis au gouverneur général de la Sibérie occidentale; ceux de Tourgaï et de l'Oural sont rattachés au gouvernement général d'Orenbourg, le territoire transcaspien au gouvernement du Caucase.

Ces régions présentent un certain nombre de montagnes (Tianchang, Alatau, Kachgar-Davan) et d'immenses steppes analogues à celles de la Russie méridionale. Le climat ressemble à celui de la Russie. La principale industrie des habitants est l'élève du bétail; la culture des arbres fruitiers; la fabrication des objets en cuir, soie et coton est fort développée dans certaines villes.

La population est fort variée : elle comprend outre les colons Russes, des Kirghez, des Kara Kirghiz, des Sartes, des Tadjiks, des Uzbeks, des Juifs, etc...

Les villes principales sont : Omsk (30,550 habitants), Semipalatinsk, Tachkend (78,485 habitants), résidence du gouverneur général de l'Asie centrale, Tchemkend, Turkestan et Khodjent qui produisent des tissus renommés, Samarqand (34,000 habitants), la ville sainte de l'Asie centrale, l'ancienne résidence de Tamerlan, Khoqand, Petro-Alexandrovsk, forteresse sur l'Amou-Deria.

La population totale de l'Asie centrale est d'environ 4 millions.

LE RÉSEAU DES CHEMINS DE FER RUSSES

Nous avons donné plus haut, dans l'introduction, quelques chiffres relatifs à l'état actuel des chemins de fer russes. Maintenant que le lecteur connaît la géographie du pays et les principaux centres de production, il n'est pas sans intérêt de revenir sur le réseau des voies ferrées et de l'étudier dans ses détails. Grâce à l'immense étendue de ses plaines, au bon marché et à la qualité du bois, la Russie peut construire ses railways à bon marché et avec une extrême rapidité. Il n'y a ni tunnels à percer, ni vallées à combler, ni tranchées à creuser ; les seuls travaux d'art sont les ponts qu'il faut jeter sur les grands fleuves.

On peut juger du rapide accroissement des chemins de fer russes par les chiffres suivants :

En 1873, le total des verstes en exploitation était de 3,578 ;

En 1874, il était de 14,110 ;

En 1875, il était de 17,006 ;

En 1876, de 17,694.

Il a atteint, en 1877, 18,765 et ne tardera pas à dépasser 20,000 verstes (la verste vaut 1,062 mètres).

Les wagons russes peuvent être considérés comme les meilleurs de l'Europe : ils sont construits d'après le système américain et forment d'immenses salons, admirablement chauffés pendant l'hiver, et qui peuvent au besoin se transformer en de véritables dortoirs.

Les chemins de fer, d'après l'écartement des rails, se divisent en trois catégories.

A la première, qui a 6 pieds d'écartement, appartient la ligne locale de Pétersbourg à Tsarskoe Selo. Cette ligne n'a que 25 verstes.

A la deuxième catégorie (5 pieds d'écartement) appartiennent toutes les grandes lignes de l'empire. Cet écartement est plus considérable que celui des lignes européennes ; il permet de donner plus de largeur au wagon et plus de confort aux voyageurs.

La troisième comprend quelques lignes à voie étroite (3 pieds 1/2 d'écartement) : celle de Tchoudova, sur la ligne Moscou-Pétersbourg à Novgorod-la-Grande; celle qui va d'Iaroslavl à Vologda, et une ligne locale du gouvernement d'Orel.

On compte plus de cinquante Compagnies. En prenant Moscou comme centre du réseau des chemins de fer russes, les lignes principales sont :

Au nord, la ligne de Moscou à Iaroslavl; au delà du Volga, en face de cette ville commence la ligne de Vologda.

A l'est, la ligne de Nijni-Novgorod, qui passe par Vladimir et qui, continuée en quelque sorte par le Volga, met le centre de la Russie en communication avec Kazan.

Au sud-est, la ligne Riazan-Tambov-Saratov, qui réunit Moscou au bas Volga; cette ligne s'embranche à Riajsk sur la ligne (en construction) de Penza-Samara, qui plus tard ira rejoindre Orenbourg et mettra l'Europe en communication avec l'Asie centrale. A Kozlov se détache un embranchement qui pousse jusqu'à Taganrog, sur la mer d'Azov, et qui rencontre à Griazi la grande ligne de Riga-Tsaritsyne.

Au sud, la ligne de Crimée passe par Toula, Orel, Koursk, Kharkov, et gagne Sébastopol. Elle pousse à l'est un embranchement sur Taganrog et un autre à l'ouest sur Poltava, Kherson et la grande ligne Lemberg-Odessa. Un autre embranchement, parti de Koursk, rejoint Kiev et la ligne d'Odessa. Moscou est donc en communication directe avec les trois ports de la mer Noire, Taganrog, Sébastopol, Odessa.

Au sud-est, la ligne de Varsovie dessert Smolensk, Minsk et Brest-Litovskii. Elle croise à Smolensk la ligne Riga-Tsaritsyno et à Minsk la ligne Libau-Romny.

Au nord-est, la ligne dite de Nicolas réunit Moscou à Pétersbourg, en passant par Tver à Bologoé; une ligne embranche sur Rybinsk et le haut Volga.

De Pétersbourg rayonnent, outre le chemin de fer Nicolas, les chemins de fer finlandais et l'importante ligne de Vilna-Varsovie, dont les stations les plus importantes sont Pskov, Dunabourg, Vilna, Grodno. Elle croise à Dunabourg la ligne Riga-Tsaritsyno, à Vilna la ligne Libau-Romny.

Elle détache à Gatchina un embranchement sur le port de Réval, à Vilna, sur Kovno et Kœnigsberg.

Varsovie est rattachée aux lignes prussiennes et autrichiennes par deux lignes qui rayonnent l'une à l'ouest, l'autre au midi.

La ligne Riga-Tsaritsyno qui, sans traverser aucune des deux capitales, réunit la Baltique au Volga, dessert les villes de Dunabourg, Vitebsk, Smolensk, Orel, Griazy, Tsaritsyno. Elle croise toutes les lignes qui rayonnent au sud de Moscou.

La ligne parallèle Libau-Romny passe à Vilna, à Minsk et s'arrête pour le moment dans le gouvernement de Poltava.

Odessa est rattachée aux lignes autrichiennes par une ligne qui franchit la frontière à Volotchisk et pousse un embranchement sur Kichenev et Jassy, et un autre sur Kiev. Kiev est elle-même en communication avec Lemberg par la ligne qui franchit la frontière à Radziwilow.

La ligne Tiflis-Poti met la capitale du Caucase en communication avec la mer Caspienne.

Les gouvernements septentrionaux de la Russie sont seuls privés de chemins de fer; mais le traînage pendant l'hiver, les grands fleuves pendant l'été rendent les communications relativement assez faciles.

Au point de vue du bénéfice qu'elles rapportent, les lignes russes se classent dans l'ordre suivant :

La ligne Nicolas (Moscou-Saint-Pétersbourg) rapporte 19,908 roubles par verste, la ligne Moscou-Riazan 15,395 roubles, la ligne Moscou-Nijni-Novgorod 10,909, celle de Tsarskoe-Selo 8,034 roubles, celle de Moscou-Koursk 7,854, celle de Moscou-Iaroslavl 6,189 roubles, celle de Varsovie-Vienne 5,920 roubles.

Toutes les autres lignes rapportent au-dessous de 5,000 roubles.

Au point de vue de l'étendue du réseau exploité, la Russie vient immédiatement après l'Allemagne (29,350 kil.), l'Angleterre (28,000 kil.) et la France (21,595 kil.).

NAVIGATION INTÉRIEURE

La navigation intérieure sur les lacs et les fleuves de la Russie prend un développement de plus en plus considérable. Sans parler des transports qui marchent à la voile ou à l'aviron, il existe des entreprises de bateaux à vapeur :

Sur la rivière Embach et le lac des Tchoudes (de Pskov à Dorpat);

Sur la rivière Volkhov et le lac Ilmen (dessert la Grande-Novgorod et les localités environnantes);

Sur la Néva et le lac Ladoga (ligne de Pétrozavodsk).

La navigation du Volga est exploitée par quatre grandes Compagnies : Samolet, Caucase et Mercure, les vapeurs du Volga, la Droujina et la Société Volga-Kama réunies. La navigation commence à Tver et finit à Astrakhan. Les bâtiments de la Société Caucase et Mercure remontent la Kama jusqu'à Perm. Quelques-uns des bâtiments lancés dans ces dernières années sur le Volga offrent le même confort que les fameux steamers du Mississipi.

Sur la mer Caspienne la Société Caucase et Mercure entretient une ligne qui fait le service postal entre Astrakhan, Derbent, Bakou, Enzeli et Ali-Abad.

La Compagnie de navigation à vapeur du Dniepr dessert Kiev, Krementchoug, Ekaterinoslavl.

Une autre Compagnie dessert le bas Dniepr et le littoral de la Mer Noire jusqu'à Odessa.

Le Don et la mer d'Azov ont également des Compagnies spéciales ; celles qui desservent la mer Noire sont suffisamment connues. Nous n'avons malheureusement pas de renseignements précis sur la navigation des fleuves du Nord et de la Sibérie.

L'introduction de la navigation à vapeur a fait presque complétement disparaître l'industrie des *bourlaks* ou haleurs, qui autrefois halaient les transports d'Astrakhan jusqu'à Rybinsk, c'est-à-dire sur une étendue de plus de 3,500 kilomètres.

DEUXIÈME PARTIE

LA RUSSIE

A L'EXPOSITION DE 1878

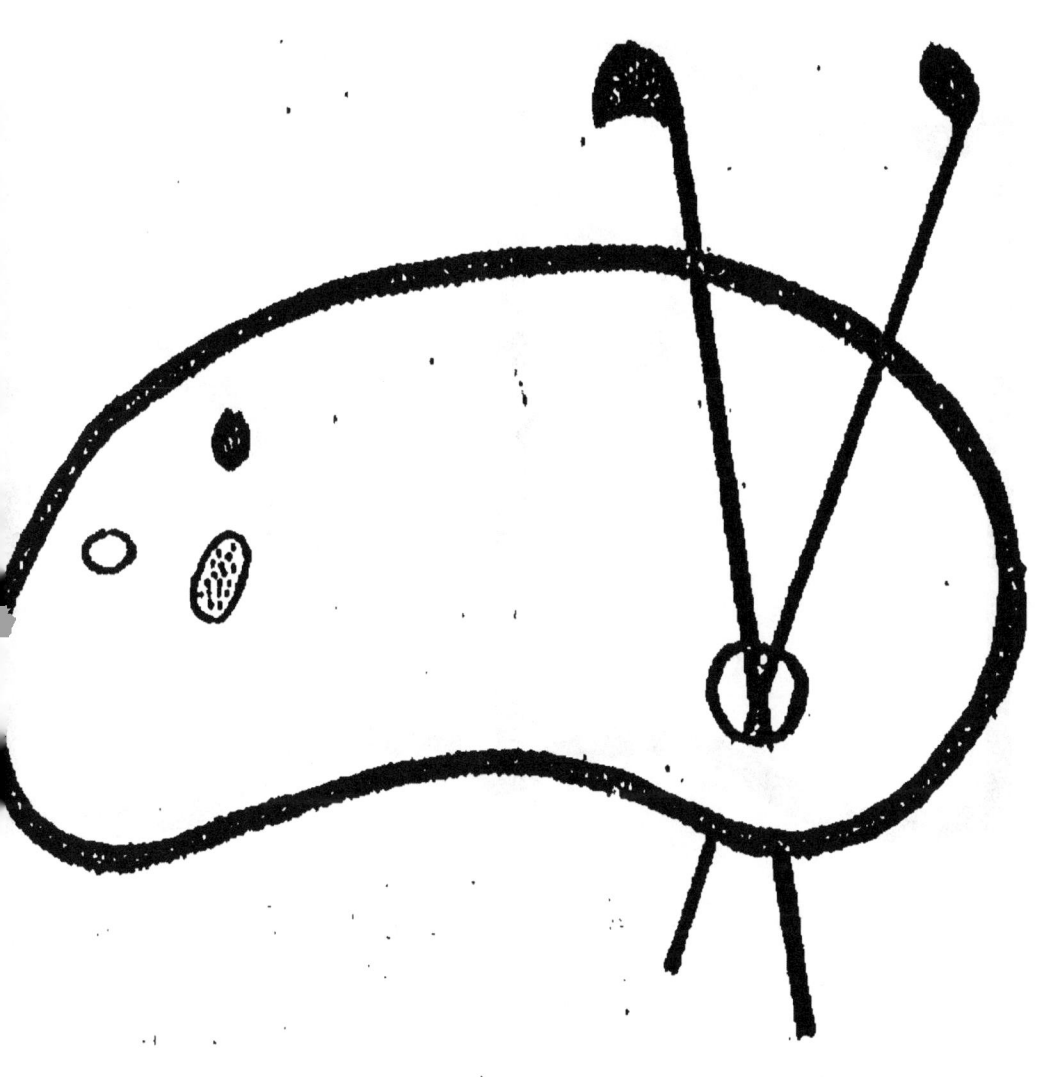

ORIGINAL EN COULEUR
N° Z 43-120-8

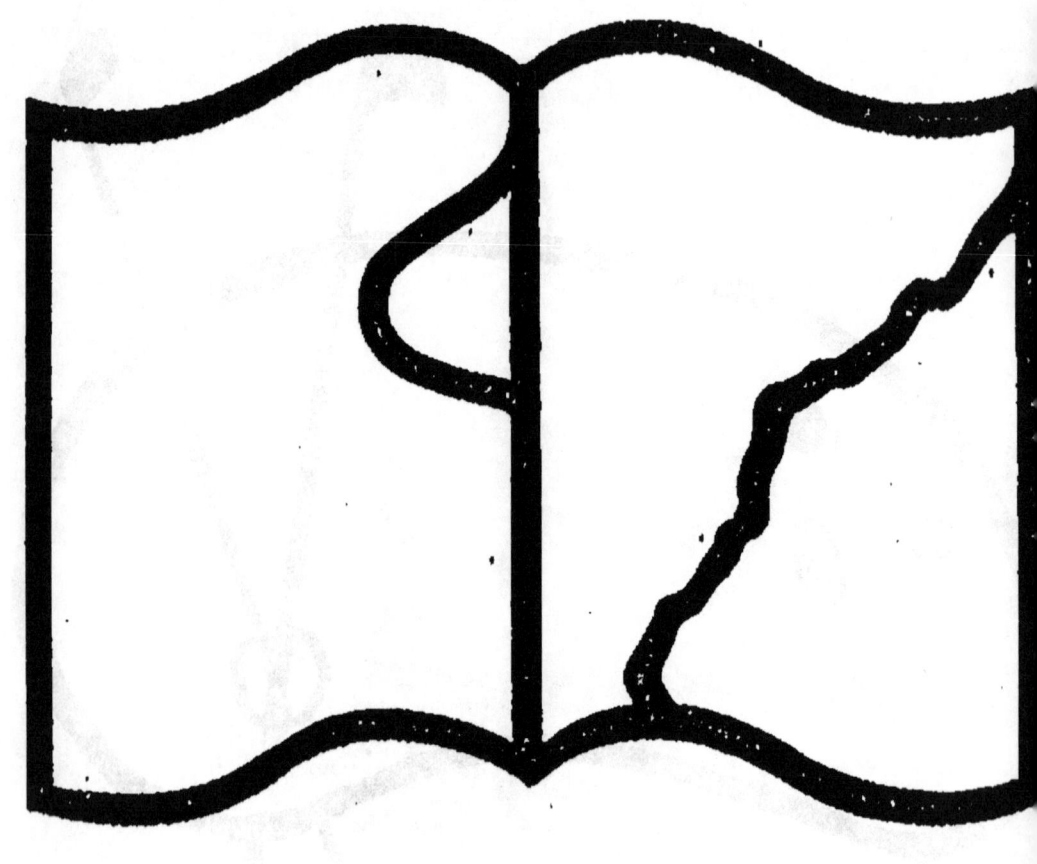

Texte détérioré — reliure défectueuse
NF Z 43-120-11

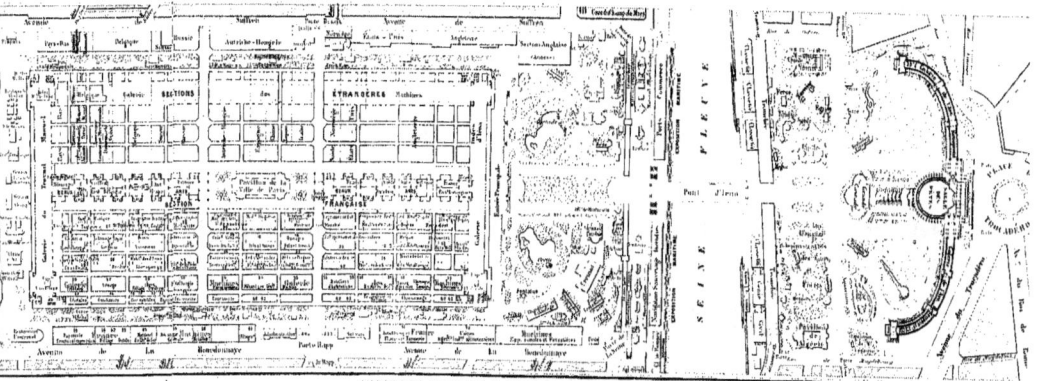

PLAN DE L'EXPOSITION UNIVERSELLE INTERNATIONALE DE 1878

LIBRAIRIE CH. DELAGRAVE, 15, RUE SOUFFLOT, PARIS.

PLAN GÉNÉRAL DE L'EXPOSITION

I

LE CHAMP DE MARS.

Le grand vestibule, les trophées. — L'entrée principale de l'Exposition se trouve du côté du pont d'Iéna. Le fronton qui la décore, pèse environ 10,000 kilogrammes ; il se compose d'un écusson aux initiales R. F. Deux femmes-génies, les ailes déployées, se tiennent par une main, et, portant de l'autre une gerbe et un flambeau, lui servent de support. Au sommet de l'écusson, on lit en relief, sur un fond d'épis, le mot *Pax*, qui deviendra la devise nationale de la France ; à la base : 1878.

Le vestibule d'honneur, qui tient toute la largeur de la façade, est splendide avec ses voussures en or mat qui rappellent les tons discrets de Saint-Marc de Venise ; à droite, dans de hauts pavillons, rouge-foncé, découpés artistement et surmontés de petits dômes en cuivre sourd, sont exposés les trésors que le prince de Galles a rapportés de son voyage des Indes. La statue équestre, avec de beaux bas-reliefs représentant la réception des princes indigènes, domine ces merveilles. A gauche, une manière de temple grec abrite les tapisseries des Gobelins; des étagères, placées à l'avant et à l'arrière, font valoir les vases gigantesques de Sèvres, ou les pièces délicates de notre manufacture nationale. Au centre, avec ses quatre cadrans, une grande horloge s'élève, surmontée d'une sphère qui indique le mouvement de la terre et de la lune. Derrière cette horloge s'ouvre la galerie de la sculpture française, et, après elle, toute la section des beaux-arts jusqu'à l'École militaire, tandis que toute la place est réservée, d'un côté, à la section française, et de l'autre, aux sections étrangères.

Les grands dômes couvrant les pavillons qui forment les quatre coins du Champ de Mars sont des plus élégants; vitrés, ornés d'armes, de banderoles de toutes couleurs et de tous pays, ils forment les extrémités des deux galeries des machines françaises et étrangères. Quatre trophées ornent ces angles; ce sont : une colossale statue équestre de Charlemagne, du fondeur Thiébaut; l'empereur est là, sceptre en main, diadème en tête; de chaque côté, deux guerriers tiennent les rênes du cheval. Il a fallu hisser à 10 mètres de hauteur ce groupe en bronze, pesant 25,000 kilogrammes.

A l'autre angle de la galerie des machines françaises, qui se trouve du côté de l'École militaire, éclate un immense trophée de tubes métalliques, surmonté d'une sphère de cuivre de trois mètres de diamètre.

Les deux autres dômes sont à l'Angleterre et aux Pays-Bas ; la première a échafaudé un kiosque énorme et très-compliqué, au sommet duquel on lit : *Canada*, et qui renferme à sa base des curiosités de l'Amérique anglaise ; les Pays-Bas ont formé, avec les végétations de leurs colonies océaniennes, un dernier trophée flanqué des coupes les plus diverses d'arbres rares des îles de la Sonde et autres.

La rue des façades et la galerie du travail manuel. — Une idée ingénieuse et absolument nouvelle, c'est celle d'une voie à ciel ouvert qui traverse tout le palais sur une longueur de plus de 700 mètres. Là, chaque nation a sa façade typique ; la France devait avoir parallèlement des constructions originales de Bretagne, d'Auvergne, du Midi et du Nord, mais on a dû renoncer à ce projet trop dispendieux.

L'Angleterre a cinq façades, entre autres un pavillon en simples briques rouges avec encadrement de pierres blanches et fenêtres à vitraux, et deux cottages des plus confortables, dont l'un est spécialement réservé au prince de Galles.

Les États-Unis nous montrent une maison en bois comme en construisent les colons dans l'intérieur des terres ; la Suède et la Norwége font remarquer leurs fortes constructions en bois de style scandinave ; vient ensuite l'Italie, dont la façade est une grande arcade flanquée d'autres plus petites, séparées par des colonnes de stuc imitant le marbre vert ; entre ces colonnes se dressent des marbres sculptés et des terres cuites. Le Japon est représenté par un petit temple bouddhique ; la Chine, tout ornée de monstres et de chimères, laisse flotter à son sommet un drapeau blanc où un dragon bleu, absolument fantastique, se dresse tout hérissé. La façade d'architecture mauresque de l'Espagne rappelle le péristyle de l'Alhambra de Grenade, qui est ciselé et historié comme un bijou ; voici maintenant l'Autriche-Hongrie, dont la galerie de neuf arcs est supportée par des colonnes accouplées ; aux ailes, deux pavillons ; la corniche qui couronne le bâtiment supporte des statues allégoriques : l'Art, les Sciences, le Commerce, etc. ; cette façade ne mesure pas moins de 75 mètres.

La Russie nous offre un *isba*, vaste construction en bois, faite de rondins dégrossis, agrémentés d'élégantes découpures qui ne manquent pas d'originalité. Plus loin, la Suisse arrondit une coupole élégante et azurée, ornée des signes du zodiaque. La devise nationale se détache au sommet de l'entablement : « *Einer für Alle! — Alle für Einer!* » (Un pour tous ! — Tous pour un !). Une horloge forme le milieu de l'édifice ; à l'heure, deux mannequins, revêtus d'armures qui datent, dit-on, de la bataille de Granson, frappent à tour de rôle sur un timbre avec des marteaux. La façade de la Belgique peut être considérée comme l'œuvre capitale de la section étrangère ; les Chambres belges ayant voté un crédit de 500,000 francs pour l'Exposition, on a bien fait les choses, en bâtissant un hôtel, en briques et en pierres bleues de Soignies et d'Écaussines, avec des colonnes de ses beaux marbres noirs, bruns ou verts ; il est conçu dans le style flamand de la fin du XVIᵉ siècle, style propre aux Pays-Bas. La Grèce paraît bien petite à côté, mais elle intéresse avec sa maison blanche qu'elle intitule : *la maison de Périclès*, et sa *loggia*, qui défend des ardeurs du jour. Viennent successivement le Danemark, puis les États de l'Amérique centrale et méridionale, qui donnent un spécimen riche et simple de leurs constructions ; un joli balcon leur prête un cachet tout oriental.

Les royaumes de Perse et de Siam, la Tunisie et le Maroc se suivent fraternellement ; malgré l'exiguïté des façades, l'œil s'arrête sur le minaret tunisien, où il semble qu'un *muezzin* va apparaître. Le grand-duché de Luxembourg, la principauté de Monaco, la république du Val d'Andorre sont réunis dans une devanture commune. Le Portugal a dessiné les poétiques arceaux du cloître des Hiéronymites de Bellem et du couvent de Batalha ; deux merveilles que ces arceaux ; ce ne sont que sculptures et ciselures dans la pierre blanche, où de grands saints se détachent admirablement. Les Pays-Bas terminent cette avenue imposante de l'architecture de tous les peuples. Leur façade en pierres et briques rouges représente l'hôtel de ville de La Haye avec son léger beffroi.

On arrive ainsi à l'entrée qui fait face à l'Ecole militaire; ce côté, parallèle au vestibule d'honneur, sert de galerie au travail manuel; là, de jeunes ouvrières font des éventails, des colliers, des fleurs, et tous ces jolis bibelots parisiens qui ne vivent qu'un jour et sont si charmants. Au milieu, la taillerie de diamants française, la première établie à Paris, laisse voir les intéressantes opérations par lesquelles passe la précieuse matière avant de devenir parure scintillante.

Ces travaux reposent du perpétuel mouvement des galeries des machines.

Le pavillon central de la ville de Paris. — Les galeries des beaux-arts sont séparées, au centre même du palais du Champ de Mars, par l'élégant pavillon de la ville de Paris. A proprement parler, ce n'est pas un type de l'architecture française, mais plutôt un assemblage des styles composites, qui forment ce qu'on appelle l'architecture du XIX° siècle. Il est très-orné, très-chargé de terres cuites, de faïence, de dorures, soutenu par des colonnettes de fonte et recouvert d'une toiture transparente en verre dépoli. Il renferme tout ce qui a rapport au service municipal: écoles, égouts, pompes, travaux de la ville, plans en relief, entre autres celui du marché aux bestiaux de la Villette et celui de l'hôtel de ville restauré. Autour du pavillon et sur ses murs mêmes sont plantés les produits les plus remarquables des magnifiques serres de la Ville, dont les spécimens sont sans cesse renouvelés. Un petit jardin, orné de statues, de gazons et de bancs, sert de repos, de chaque côté. C'est sur ces parterres que s'ouvrent, par des portiques monumentaux, les deux entrées de la galerie des beaux-arts. Ils sont couverts d'émaux, de paysages et de figures allégoriques ; ils représentent : l'un, Apollon sur son quadrige ; l'autre, une réduction du Parthénon et de la maison dite la Lanterne de Diogène, offrant le type de l'architecture grecque.

A gauche et à droite du Champ de Mars sont des cafés et des restaurants qui coupent l'Exposition d'horticulture. Inutile de dire que l'affluence est grande de ces côtés, où les Tziganes, avec leurs concerts improvisés, font florès. A côté d'eux, on admire le tonneau de MM. Wilhaumser et Müller, de Strasbourg, mesurant 4 mètres à la tête et 4 mètres 50 au plus fort diamètre ; il contient 600 hectolitres.

Le parc du Champ de Mars. — Une immense pelouse verte de 223 mètres de longueur, placée entre les deux palais, repose la vue et permet de contempler l'ensemble du palais du Trocadéro, qui éclate de toute la blancheur de ses colonnes et de ses statues.

Cette partie est très-animée : les allants et venants se reposent là de préférence dans des chaises-paniers très-confortables. Ce ne sont, de tous côtés, que massifs d'azalées et de rhododendrons ; deux petits lacs, bornés par des rochers et des cascades artificiels, mettent la fraîcheur au milieu de cette végétation. Sans entrer dans le détail des œdicules qui meublent ce parc très-vaste, s'étendant jusqu'au pont d'Iéna, citons, outre un restaurant belge et un restaurant français, le chalet des manufactures de l'État, où l'on assiste à la fabrication des cigarettes et des cigares de la régie ; le pavillon de notre grande usine métallurgique du Creuzot, où l'on peut étudier de près les machines les plus puissantes, telles que le fameux marteau-pilon, un véritable phénomène ; un peu plus loin, le Ministère des Travaux publics expose sa collection si complète de pierres et de marbres français de toutes espèces ; le hangar de Terre-Noire, près duquel un escalier et un petit pont conduisent à l'Exposition agricole, qui s'étale tout le long du quai d'Orsay.

La tête de la grande statue de Bartholdi, représentant l'Union américaine, est placée entre le Champ de Mars et le Trocadéro.

II

LE TROCADÉRO.

Le pont d'Iéna, la ferme japonaise, le quartier tunisien. — Le pont d'Iéna est élargi au moyen de poutres métalliques placées en travers et appuyées sur des socles qui reposent sur l'ancien tablier ; entre les deux tabliers courent trois énormes conduits qui amènent au Champ de Mars l'eau de la grande cascade du Trocadéro.

Sur la gauche, en montant la pente du Trocadéro, on voit le Japon agricole, représenté par une maison de ferme exactement semblable à celles qu'on rencontre dans l'intérieur des îles japonaises ; on y pénètre par une porte cochère très-travaillée, sur le sommet de laquelle se dressent, avec une véritable verve, un coq et une poule sculptés ; à droite et à gauche, des branches pleines d'épines sont travaillées avec art. On se trouve alors dans un jardinet plein de plantes du pays ; l'habitation, basse et ouverte à tous vents, laisse voir des meubles pittoresques ; à côté, une fontaine où l'on peut boire ; le poulailler, rempli de jolies poules blanches à crêtes rouges ; le parasol, à l'ombre duquel la famille peut venir se reposer ; les faïences d'usage quotidien, les bronzes, etc., etc. Le Japonais en costume du pays qui vous reçoit, parle très-bien le français. On fait le tour de la barrière en bambou, et l'on voit successivement : les Tunisiens avec leurs jolis bibelots ciselés, leurs parfums pénétrants et leur musique monotone; la maison aux armes de Lion et Soleil, qui attend le Schah de Perse, mystérieuse avec ses vitraux de couleurs; plus loin, un village norvégien-suédois, au centre duquel une tour en bois s'élève, ayant à son sommet une horloge de Stockholm; l'Égypte, aussi représentée par une bâtisse originale, ainsi que le Maroc, qui a son musée et son café.

Partout, des oasis de verdure et de fleurs ornent ce paysage unique, dessiné par tous les peuples du monde.

L'habitation chinoise, les forêts, l'aquarium. — La Chine offre le spécimen très-curieux et absolument authentique d'une maison des environs de Pékin; elle est riche en fines ciselures dorées, qui se détachent sur fond rouge. Dans la cour intérieure se dresse un kiosque très-découpé qui offre un abri contre les chaleurs du jour. Un grand nombre de Chinois en costume national, avec leurs grandes robes en soie et leurs cheveux tressés en longues queues, vendent des porcelaines et des curiosités du Céleste Empire.

A droite, voici le pavillon de l'administration des Forêts, qui n'est qu'une dentelle de bois sculpté; puis la blanche façade du palais algérien, de forme rectangulaire, flanquée à ses angles de quatre tours couronnées de créneaux. La façade principale se fait surtout remarquer par une porte richement encadrée de faïence et émaillée d'arabesques. C'est la reproduction de celle de la célèbre mosquée de Sidi-Bou-Médin ; de chaque côté sont deux petites tours aux dômes très-bas surmontés d'un croissant d'or ; dans un des angles se dresse la haute tour carrée d'un minaret qui rappelle celui des ruines de la mosquée d'El-Man-Souka. Une frise polychrome décore la muraille, blanchie à la chaux, rendue éblouissante au soleil ; l'intérieur est riche et gracieux, comme toutes les constructions mauresques ; sa cour est formée par quatre galeries à arcades supportées par des colonnes torses, dont les parois à jour varient les effets de lumière et d'ombre. Une fontaine jaillissante, encadrée des arbustes et des fleurs les plus caractéristiques du climat et de la flore de l'Algérie, et provenant du Hamma d'Alger, forme le milieu de cette magnifique construction.

L'aquarium d'eau de mer et l'aquarium d'eau douce abritent les habitants aquatiques les plus variés ; on descend dans ces réservoirs souterrains avec bonheur, pour s'y mettre au frais. C'est le plus vaste palais de poissons qui existe.

Le palais et la salle des fêtes. — Le palais du Trocadéro se compose d'une immense rotonde exhaussée de deux tours ; elle a, à son sommet, une Renommée en bronze doré, du sculpteur Mercié, et se complète par deux ailes en demi-cercle. Tout l'extérieur du monument est à jour; c'est un promenoir dont les colonnes de pierre blanche se détachent sur fond rouge. La grande rotonde a trois étages, ornés de trente statues allégoriques représentant : la Peinture, l'Agriculture, la Géographie, la Médecine, la Navigation, etc.; six grands groupes en fonte de fer doré symbolisent les parties du monde.

Ils sortent de mains de maîtres, tels que : MM. de Falguière, Mathurin Moreau, Millet, Schoenewerck et Delaplanche. Entre ces figures jaillit une cascade qui tombe avec fracas et va s'affaiblissant sur des degrés de marbre du Jura : de ci, de là sort un jet écumant, et quatre groupes colossaux d'animaux en fonte dorée se dressent de chaque côté.

Dans la rotonde centrale se trouve la grande salle des fêtes ; l'amphithéâtre à lui seul ne contient pas moins de 4,000 spectateurs. La scène est construite de telle sorte que quatre cents musiciens y jouent à l'aise, en temps ordinaire ; l'adaptation d'un plancher mobile, qui, partant de l'extrémité de la scène, va s'abattre sur les premiers rangs des fauteuils, permet en outre de donner des concerts exceptionnels, auxquels peuvent prendre part 1,200 exécutants. L'orgue qui s'élève au fond de la scène est d'une hauteur de douze mètres et d'une puissance telle que les soufflets sont desservis par une machine à vapeur. L'éclairage de cette salle splendide, de MM. Davioud et Bourdais, dont la hauteur intérieure n'a pas moins de trente-deux mètres, est entretenu par 4,000 becs de gaz qui éclairent *a giorno* l'immense coupole.

Dans les deux pavillons adjacents à la rotonde centrale se tiennent les conférences et les congrès, dans lesquels sont traitées les questions qui se rattachent à l'origine, à la production, à l'exécution, aux progrès, à la législation, à la protection légale des œuvres et des produits de toute nature réunis dans l'enceinte de l'Exposition.

Les galeries des ailes sont destinées à l'art rétrospectif sous toutes ses formes, et à l'exposition spéciale des sciences anthropologiques ; et enfin, de chaque côté de la rotonde surgissent, au-dessus de l'édifice, les deux grandes tours latérales, sveltes et élégantes, qui donnent tant de légèreté au monument, et dans l'intérieur desquelles fonctionnent deux ascenseurs menant le public au sommet ; de ce point élevé, on plane à vol d'oiseau sur le panorama d'ensemble.

L'Exposition de 1867 était certainement remarquable, mais quelle place était perdue ! Son palais ne couvrait qu'une surface de 146,000 mètres carrés ; celui de 1878 en occupe 200,000 ; en dehors du palais, en 1867, il y avait une surface de 7,000 mètres répartie entre tous les pavillons ; en 1878, en dehors du palais, on a couvert 20,000 mètres, dans le Champ de Mars seulement.

Le succès toujours croissant de l'Exposition de

1878 ne tient pas seulement aux dimensions plus vastes de ses deux palais, mais aussi au concours plus empressé qu'y ont apporté tous les peuples, et au nombre des exposants, qui s'élève à 35,000.

FAÇADE NATIONALE DE LA RUSSIE

Avant de pénétrer dans l'intérieur de la section russe, jetons un coup d'œil sur la façade caractéristique de son exposition. Cette façade a été construite dans le style le plus pur et le plus primitif. La Grande-Russie, n'ayant point de montagnes, n'a point de pierres; elle construit ses maisons en bois et en brique. Mais la brique est réservée aux villes; dans les campagnes, on ne connaît que le bois. Dans la Grande-Russie ou Russie du nord, les constructions se font en bois nu; dans la Petite-Russie ou Russie méridionale, les poutres sont recouvertes en pisé ou en torchis.

Les bois employés à la construction de la maison du paysan russe sont d'une qualité excellente: le grain en est dur, et le fer n'y entre pas sans effort. Sans doute, dit M. Normand, dans son ouvrage sur l'architecture des nations étrangères à l'Exposition de 1867, ces sapins ne sont pas énervés comme ceux de nos pays par les saignées et conservent dès lors toute leur sève, leur résine et toutes les qualités que leur a données la nature.

Les murs extérieurs sont formés d'arbres entiers qui se croisent entre eux et sont simplement réunis par une coupe, ou section à mi-bois. Il n'y a ni clous ni boulons en fer. Les ornements ne s'assemblent jamais avec le corps même de la construction et y sont adaptés tout simplement à l'aide de clous.

Beaucoup de nos lecteurs se rappellent l'Izba et les écuries russes qui figuraient dans le parc de l'Exposition en 1867.

La construction en bois s'applique en Russie non-seulement aux villages, mais à la plupart des constructions rustiques ; ainsi, sur les grandes lignes de chemin de fer, les stations sont en bois ; aux environs des grandes villes, de ravissantes villas en bois s'élèvent au milieu des forêts ou des jardins. L'architecture du bois a acquis en Russie un véritable style national et se prête à une décoration fort élégante. Il suffit pour s'en convaincre de comparer la façade russe avec les chalets suisses, dont le type bien connu manque malheureusement à l'Exposition.

Le paysan russe a un instinct artistique qui frappe tous ceux qui ont eu l'occasion de l'étudier. Un architecte célèbre, M. Viollet-Leduc, dans son récent ouvrage sur l'*Art russe*, le constate en ces termes :

« Sans parler du caractère poétique des chansons nationales en Russie, du goût si prononcé du paysan russe pour la musique, il suffit de citer la recherche particulière qui préside au décor de sa demeure, de son mobilier modeste et peu varié, de ses simples et grossiers tissus. En parcourant les villages de la Grande-Russie... on se plaît à regarder les bordures à dessins multicolores, souvent d'une légèreté charmante, qui ornent les serviettes, les nappes, les chemises et autres produits du même genre de travail rustique des villageois russes... La même ornementation caractéristique se retrouve dans les chariots, les traîneaux et les bateaux des paysans russes. Le vêtement national de l'un et de l'autre sexe porte un cachet d'élégance; les couleurs vives y dominent, sans offenser l'œil par trop de bigarrures; simple et même grossier dans ses éléments, le costume russe présente de l'harmonie et se prête facilement, moyennant de légères modifications, aux exigences du goût le plus épuré. »

La façade de la section russe offre d'ailleurs pour l'archéologue un intérêt tout particulier. Elle reproduit celle d'un palais célèbre dans l'histoire, le palais de Kolomenskoe. Kolomenskoe est un village situé à deux lieues environ de Moscou. Ce palais fut bâti vers 1670 par le tsar Alexis Mikhaïlovitch; on appela pour l'orner des artistes allemands, arméniens et polonais; abandonné à partir du début du XVIIIe siècle, il tomba en ruine et fut détruit sous le règne de Catherine II; mais cette impératrice avait ordonné d'en relever le dessin et les plans; un modèle en bois de tilleul a été exécuté sous le règne de l'empereur Alexandre II. Au xvii° siècle, le poëte Siméon Polotsky avait chanté la splendeur de cette demeure éphémère. « L'or, s'écriait-il, rayonne de tous les côtés. On voit bien que c'est une résidence impériale. »

Malheureusement, la façade de l'Exposition ne peut donner qu'une idée fort imparfaite de ce qu'était le palais dans son ensemble. Il a pour les archéologues russes un intérêt tout particulier. C'est le dernier spécimen de l'ancienne architecture russe. Pierre le Grand résida souvent au palais de Kolomenskoe ; c'est de là qu'il partit en 1695, après l'expédition d'Azov, pour faire à Moscou une entrée triomphale. C'est là que lui naquit, le 18 décembre 1709, une fille, qui fut l'impératrice Elisabeth Petrovna.

On conserve encore aujourd'hui dans l'ancien jardin de Kolomenskoe un cèdre sous lequel le réformateur de la Russie a souvent joué dans son enfance. Comme on le voit, la façade de l'exposition russe offre un intérêt à la fois historique et archéologique et mérite l'attention à plus d'un titre.

On trouvera encore d'intéressants spécimens de l'architecture en bois dans les annexes de l'Exposition, le comptoir dont une partie forme buvette, une élégante maisonnette où se vend une eau aromatique pour les cheveux, et l'annexe des machines agricoles.

GROUPE PREMIER

BEAUX—ARTS

Classes I, II, III, IV, V.

Peintures diverses et dessins. — Sculptures et gravures sur médailles. — Dessins et modèles d'architecture. — Gravures et lithographie.

L'art russe a débuté par l'imitation des Byzantins ; il a été d'abord essentiellement religieux ; il reproduisait d'après les types convenus les personnages de l'Écriture ; l'obligation imposée à tout fidèle orthodoxe d'avoir une *ikone* ou image dans la pièce principale de sa maison a donné un immense développement à la peinture religieuse. Pendant de longs siècles, elle a reproduit les mêmes figures sans progresser, asservie à suivre des modèles immuables. L'orthodoxie interdisant la reproduction des choses saintes sous la forme de statues ou de bas-reliefs, la sculpture n'a pas pu se développer. Depuis que la Russie est entrée en communication avec l'Europe occidentale, elle en a successivement adopté tous les arts, sans toutefois sacrifier ce qu'elle devait à la tradition nationale ; malheureusement, la Russie n'a pas envoyé à l'Exposition de spécimens de cette peinture hiératique qui se perpétue encore aujourd'hui dans certaines écoles. La peinture religieuse est même à peu près absente de l'exposition des beaux-arts : la section de mosaïque de l'Académie impériale des beaux-arts a envoyé une remarquable *Descente de croix* que l'on apprécierait mieux si elle était placée plus avantageusement ; c'est la reproduction d'un tableau de C. Douzy.

L'école russe de peinture a son centre dans l'Académie des beaux-arts de Saint-Pétersbourg ; cependant tous les élèves qui en sortent ne sauraient être rattachés à la même tradition : tandis que les Russes s'inspirent volontiers du paysage et de l'histoire moscovite, les Finlandais ou les Allemands de la Baltique se rattachent à la tradition allemande ou scandinave ; les Polonais procèdent de l'Allemagne, de la France ou de l'Italie ; les trois religions diverses, l'orthodoxie, le luthéranisme, le catholicisme, ne peuvent pas ne point exercer une influence qui se fait plus ou moins sentir suivant la nature du sujet traité.

Nous nous contenterons de signaler dans l'ordre alphabétique quelques-unes des toiles les plus remarquables ; à mérite égal, nous n'hésitons pas à recommander celles qui présentent soit des épisodes historiques, soit des paysages caractéristiques, qui peuvent le mieux contribuer à faire connaître la Russie à ceux qui n'ont pas eu occasion de la visiter.

Le nom de M. Aïvazovski, que le hasard de l'alphabet amène ici le premier, mérite cette place d'honneur ; ses marines sont depuis longtemps classiques ; personne n'excelle à rendre comme lui l'écume folle des eaux et les horizons noirs des mers agitées. *La Nuit dans l'Archipel, la Tempête au bord de la mer noire*, sont des œuvres de maître ; cette dernière toile appartient au Musée de l'Académie impériale des beaux-arts de Saint-Pétersbourg. M. Aïvazovski, qui est d'origine arménienne, réside habituellement à Théodosie, en Crimée, en face de cette mer orageuse qui lui a inspiré la plupart de ses chefs-d'œuvre.

M. Bogolioubov rivalise avec M. Aïvazovski dans sa *Nuit d'été* à Saint-Pétersbourg ; mais nous recommandons surtout à l'attention sa *Vue de Nijni-Novgorod*. C'est la seule toile de ce genre que possède l'Exposition ; les villes de la province russe avec les coupoles multicolores de leurs églises, le fouillis de verdure où se perdent leurs maisons offrent aux paysagistes un sujet d'études jusqu'ici trop dédaigné : Nijni-Novgorod, avec la ceinture que lui font les eaux de l'Oka et du Volga, semble une sorte de Naples continentale égarée dans les régions du Nord.

Les tableaux de M. Klever, *Villages en hiver, Coucher de soleil en hiver*, sont d'une pénétrante vérité ; ils nous initient au charme spécial de cette nature que nous ne connaissons pas et que le grand romancier

8.

Ivan Tourguenev a décrite avec un charme si puissant.

On retrouve le même mérite dans le tableau de M. Dmitriev : *la Station de chemin de fer;* c'est d'une station russe qu'il s'agit, et elle ne ressemble guère aux nôtres; devant un petit bâtiment en madriers, le train vient de s'arrêter; sur la voie libre se précipitent des paysannes qui courent offrir des rafraîchissements aux voyageurs; l'une d'entre elles a heurté le rail et est tombée; à côté d'elle ont roulé les fraises qu'elle portait dans un panier; des voyageurs montent ou descendent de ces wagons gigantesques, auxquels les nôtres ressemblent si peu, hélas! Un gendarme contemple d'un air flegmatique cette scène tragi-comique. Le tout est peint avec une sincérité et une franchise des plus louables. Un Finlandais, M. Becker, un Allemand, M. Huhn, nous offrent, l'un une vue de Neuilly, l'autre une scène dans un cabaret français; ce sont assurément des œuvres de grande valeur; mais ce que nous cherchons avant tout dans la section russe, c'est la Russie.

Nous ne pouvons pourtant pas savoir mauvais gré à M. Harlamov de nous avoir donné d'excellents portraits de M. et Mme Viardot; non loin d'eux est celui de leur ami Ivan Tourguenev, le grand interprète de la vie russe; ce sont des œuvres d'une peinture large et franche et qui retrouveront à l'Exposition le succès qu'elles ont déjà rencontré chez nous au Salon.

M. Jacoby a choisi dans l'histoire de la Russie un des épisodes les plus pittoresques; l'une des impératrices du siècle dernier (Anna Ivanovna, croyons-nous) ont l'idée de marier son nain et une bossue et de faire célébrer des noces burlesques dans un palais de glace. C'est ce palais peuplé de bouffons que M. Jacobi a eu l'idée de représenter; une lumière verdâtre filtre à travers les parois et prête aux personnages des teintes fantastiques ; il y a là un essai très-curieux et un véritable tour de force.

Un intérieur d'izba, un intérieur d'église par M. Korzoukhine, méritent d'être remarqués ; un clair de lune en Ukraine de M. Kouïndji tire l'œil par la crudité de la lumière; nous préférons la lisière d'une forêt de bouleaux du même artiste; M. Kramskoï a traduit avec poésie l'une des inspirations les plus fantastiques de Gogol. M. Litovtchenko a mis en scène Jean le Terrible montrant ses trésors à l'ambassadeur d'Angleterre.

Trois peintres portent également le nom de Makovski, trois frères, croyons-nous; deux ont spécialement étudié l'Orient. M. C.-G. Makovski est l'auteur d'une des œuvres les plus considérable de la section russe : *la Procession du tapis du Prophète au Caire;* c'est une toile harmonieuse et d'une couleur excellente. M. N.-G. Makovski expose une rue du Caire. M. W.-G. Makovski, des scènes d'intérieur : pensionnaires de l'Etat au Trésor, antichambre d'un médecin, amateurs de rossignols. *La Bienfaitrice apportant des jouets à l'enfant malade* est une œuvre pleine de charme et de grâce.

L'étang glacé de M. Mechtcherski mérite toute l'attention des connaisseurs ; il révèle un observateur sincère de la nature ; il y a tout autant de charme dans un coin de forêt russe bien étudié et bien rendu que n'importe dans quel paysage classique de l'Italie. M. Orlovski qui a été chercher des inspirations auprès de Naples, n'en a rien rapporté de meilleur que son pré fauché du gouvernement de Koursk, avec ses flaques d'eau dormante, ses bouquets d'ajonc et ses faucheurs pittoresques.

M. Pelevine est un peintre d'histoire ; il met à ses tableaux des légendes en slavon, illisibles même pour ses compatriotes ; ne vaudrait-il pas mieux les écrire en simple russe moderne ? Le meilleur tableau historique, quand on s'évertue en vain à en comprendre le sujet, devient une énigme qui fatigue et agace le spectateur : ici, la chose est d'autant plus regrettable qu'il s'agit de toiles d'une haute valeur. Le catalogue nous apprend qu'elles représentent : le boïar Trockourov lisant à la tsarevna Sophie l'ukaze de son frère Pierre le Grand qui ordonne sa réclusion dans un couvent ; le tsar Ivan le Terrible visitant à Pskov la cellule d'un illuminé, et un portrait du même tsar.

M. Priachnikov nous ramène dans la campagne russe avec *le Retour à vide*, peinture pleine de vie d'un attelage et d'un traîneau. M. Schichkine nous offre des paysages exquis ; *Première Neige*, *Forêt de sapins*, *Forêt de pins*, *Forêt épaisse*, rendent à merveille le charme pénétrant de la forêt russe. M. Savitski a point avec finesse et réalité des travaux de terrassement sur une ligne de chemin de fer.

La plus grande toile de l'exposition russe est celle d'un artiste polonais, M. Siémiradzki, *les Torches vivantes de Néron*. M. Siemiradzki, qui vit à Rome, s'est fait le peintre de l'antiquité romaine chrétienne ou païenne. Les torches vivantes de Néron — ce sont, comme on sait, les chrétiens qu'il faisait enduire de poix et brûler sous ses yeux — lui ont fourni le sujet d'une composition puissante, savamment groupée, vigoureusement colorée. M. Siemiradzki est le digne rival de son illustre compatriote le Galicien Matejko. Deux autres études d'après l'antique : *La Coupe ou la Femme, un Naufragé mendiant*, méritent d'être remarquées même à côté de l'œuvre considérable qui les écrase de son voisinage.

Parmi les aquarelles, d'ailleurs peu nombreuses, signalons seulement celle de feu Huhn, que nous avons rencontré dans la classe précédente : *Ligueur à la veille de la Saint-Barthélemy mettant la croix blanche à son chapeau.*

Les œuvres de sculpture sont peu nombreuses ; l'orthodoxie, en proscrivant les statues des églises, a nui singulièrement à cet art; la plupart des sculpteurs (M. Antokolski, Krynski, Riger) sont Polonais. M. Runeberg, qui expose trois marbres relatifs à la légende de Psyché, est Finlandais. Leurs œuvres, d'un style pur, n'offrent pas un caractère d'intérêt particulier. M. Tchijov est le seul sculpteur vraiment russe qui ait exposé certain nombre de sujets. Les médailles sont nombreuses et d'un travail délicat; nous n'insisterons pas sur les dessins d'architecture ; signalons seulement celui de M. Ropetto, qui reproduit la façade typique de l'exposition russe, dont nous avons donné plus haut la description.

Parmi les gravures, notons les eaux-fortes de MM. Bobrov, Schichkine (dont nous avons déjà indiqué les remarquables paysages), les xylographies de MM. Holewinski, de Varsovie, et une gravure sur cuivre de M. Redlich qui reproduit un célèbre tableau de Matejko (Skarga prêchant devant le roi de Pologne Sigismond).

GROUPE II

ÉDUCATION ET ENSEIGNEMENT. — MATÉRIEL ET PROCÉDÉS DES ARTS LIBÉRAUX.

Classes VI, VII, VIII et IX.

Éducation de l'enfant; enseignement primaire; enseignement des adultes. — Organisation et matériel de l'enseignement secondaire. — Organisation, méthode et matériel de l'enseignement supérieur. — Imprimerie et librairie.

Le ministère de l'instruction publique de Saint-Pétersbourg a publié, à l'occasion de l'Exposition, un rapport général, accompagné du catalogue des objets qu'il expose. Un autre ministère, celui de la guerre, joue également un rôle considérable dans le groupe II; il possède un grand nombre d'établissements pédagogiques spécialement destinés à l'instruction des futurs officiers ou sous-officiers (écoles militaires, école normale, école des pages, gymnases et progymnases militaires, écoles de cadets, etc.). Dans le but de perfectionner les méthodes il a créé à Saint-

Pétersbourg un musée pédagogique qui est considéré comme un des plus importants de l'Europe. Les collections de ce musée ont déjà été fort remarquées à l'exposition géographique de Paris en 1875 et à l'exposition d'hygiène de Bruxelles.

Nous avons donné plus haut le chiffre des écoles normales et des écoles primaires dépendant du ministère public. On s'efforce autant que possible de commencer l'éducation de l'enfant par des leçons de choses. « Il faut, disent les règlements, donner pour but réel et effectif à nos écoles inférieures et moyennes de former des hommes, c'est-à-dire de produire chez la jeunesse ce développement égal et complet des forces intellectuelles, morales et physiques, avec lequel seulement sont possibles, d'une part une vue sûre et rationnelle de la vie, de l'autre la faculté de savoir user de la vie. Il est indispensable de développer dans les masses la conscience de leurs droits, d'éveiller l'amour du travail intellectuel et d'inspirer à chacun le respect de lui-même et le respect de l'humanité en général .. L'enfant rencontre un contraste pénible lorsque, une fois entré à l'école, on lui présente non plus ce qu'il voit, ce qu'il entend, mais ce que le maître juge à propos de lui communiquer. Pour adoucir ce brusque passage, qui souvent dégoûte dès le début l'enfant de l'étude, l'enseignement intuitif est d'un grand secours. »

Nous signalerons comme un excellent spécimen de cette méthode les tableaux représentant par exemple les différentes espèces de chauffage et les diverses graines alimentaires et les lithographies, fort populaires en Russie, représentant les quatre saisons et leurs travaux, et des lithographies. Les livres exposés sont en général rédigés d'après les principes que nous venons d'indiquer. La plupart des alphabets sont accompagnés d'illustrations qui piquent la curiosité de l'enfant et assurent sa mémoire. Quelques-uns d'entre eux ont acquis une popularité considérable. Malheureusement, ces ouvrages sont écrits dans une langue trop peu connue pour que nous puissions indiquer les plus importants; notons seulement parmi les productions pédagogiques la *Revue du ministère de l'instruction publique*. Cet organe paraît chaque mois par fascicules de cinq à six cents pages; il publie des articles scientifiques et traite de l'enseignement à tous les degrés. Il a été fondé en 1802 : c'est certainement le recueil pédagogique le plus considérable de l'Europe.

L'empire russe offre le bienfait de l'instruction non-seulement aux Russes, mais aussi aux populations dites allogènes, c'est-à-dire musulmanes ou païennes, qui n'appartiennent pas à la race slave : Tatares, Bouriates, Votiaks, Bachkirs, etc. On a eu l'heureuse idée de réunir en plusieurs albums photographiques les principaux types de ces races diverses enrégimentées sous les drapeaux de l'école européenne. Ces albums sont fort curieux à consulter et attestent un progrès qui fait honneur à la Russie missionnaire de notre civilisation dans les steppes lointaines du Volga ou de la Sibérie. Un grand nombre de brochures pédagogiques en langue tchérémisse, tchouvache, tatare, etc., ont à ce point de vue un intérêt tout particulier.

Parmi les écoles professionnelles, celles dont l'exposition est la plus importante est l'école Strogonov, de Moscou. Cette école, que nous avons eu l'occasion de visiter en 1872, se propose de développer le goût artistique en Russie et de former de bons artisans, contre-maîtres ou chefs d'atelier. Elle expose, outre des dessins fort remarquables, le fac-similé d'une ikone qui a appartenu à Alexandre Nevsky, une histoire de l'ornement russe, un album reproduisant les types des saints, tels qu'ils doivent figurer sur les images sacrées (ikones) que possède toute maison orthodoxe, et des modèles de poteries, en style populaire, avec des ornements symétriques du meilleur goût.

L'enseignement secondaire n'est guère représenté que par des livres sur lesquels, ainsi que nous l'avons fait remarquer plus haut, il n'y a pas lieu d'insister. Nous appelons toutefois l'attention des personnes compétentes sur l'album du gymnase fondé par Mme Fischer à Moscou. Cet album renferme des devoirs de jeunes filles en grec et en latin, des devoirs d'algèbre avec équations du quatrième degré et de mathématiques avec applications des logarithmes. La Russie est avec l'Amérique le pays qui a poussé le plus loin l'éducation classique des jeunes personnes.

L'école des sourds-muets et des aveugles de Varsovie peut être considérée comme un des meilleurs établissements de l'empire russe. Elle expose des livres d'enseignement (imprimés en relief à l'usage des aveugles), des plans et des ouvrages à la main, exécutés dans l'école. Ils peuvent rivaliser avec ce qui se fait de mieux dans les établissements similaires de l'Occident. Le directeur de cette école, M. Paplonski, a publié, à propos de l'Exposition, une brochure (en français) fort intéressante sur l'organisation de l'établissement. L'école de dessin de Varsovie offre également d'excellentes études de tête d'après nature.

L'exposition pédagogique du ministère de la guerre est fort importante au point de vue des sciences naturelles; signalons notamment les modèles anatomiques de M. Strembitski, d'ingénieux appareils pour la physiologie des plantes, des cartes et des types ethnographiques fort élégants. Une brochure spéciale, également rédigée en français, donne des renseignements précieux sur l'organisation du Musée pédagogique.

La section finlandaise expose des cahiers scolaires et des ouvrages à la main fort bien exécutés.

Le gymnase de Novo Tcherkask a envoyé un magnifique album dont la couverture est armée d'aquarelles très-élégantes représentant les occupations du Cosaque, la pêche, la chasse, l'exploitation des mines, la distillation, la guerre. Le cartouche du milieu représente les jeunes Cosaques étudiant dans leur élégant uniforme militaire.

L'enseignement supérieur est peu représenté ; il ne figure guère que par les publications où il est question de lui. Signalons le programme de l'Institut Lazarev pour l'enseignement des langues orientales (Moscou). Il a été traduit naguère en français par M. Dulaurier.

On remarquera les fac-similé des manuscrits de la bibliothèque impériale de Saint-Pétersbourg, le magnifique album qui reproduit les caractères typographiques de l'Académie des sciences, et spécialement les publications de la Société des amis de l'ancienne littérature russe. Quelques maisons de Varsovie ont envoyé des livres polonais, notamment une splendide édition de La Fontaine avec les illustrations de G. Doré. Les éditeurs de Pétersbourg et de Moscou n'ont malheureusement rien exposé en leur nom : ils ont sans doute supposé que le public prendrait peu d'intérêt à des livres écrits dans une langue qui n'est comprise que d'une élite malheureusement fort restreinte.

Nous félicitons la Société des amis de l'ancienne littérature de n'avoir pas imité leur abstention.

La Société des amis de l'ancienne littérature russe a pour objet la publication de manuscrits slavons-russes et la réimpression des livres qui sont devenus des raretés bibliographiques. Elle reproduit en fac-similé les manuscrits de l'écriture, les anciens manuels de lecture, les ouvrages de cosmographie, etc. Elle ne publie ses éditions qu'à 200 exemplaires numérotés, et qui n'entrent pas dans le commerce. La contribution annuelle des membres de la Société est de deux cents roubles.

Les publications déjà parues de la Société sont les suivantes :

N° I. Description de 20 monastères du mont Athos (reproduction d'un livre fort rare publié en 1839 au mont Athos).

N° II. Neuf images miraculeuses de la Mère de Dieu ; reproduction d'anciennes gravures rarissimes.

N° V. Histoire des Romains. C'est la première édition d'un manuscrit slavon-russe du xvii° siècle, traduit sur le texte latin des *Gesta Romanorum*. L'imprimerie Tranchel, de Saint-Pétersbourg, a fondu pour cette édition des caractères spéciaux fort élégants.

N° IX. L'invention de la tête du prophète et précurseur saint Jean-Baptiste (fac-similé d'une œuvre du xv° siècle).

N° X. Discours de saint Jean-Chrysostome sur la décollation de saint Jean-Baptiste (*ibid.*).

N°ˢ XII, XIII. Fac-similé de manuscrits religieux.

N° XVI. Reproduction du recueil de contes indiens intitulé *Stefanide et Ichnilat*.

Le n° VIII de la seconde série des publications de la Société est fort intéressant. C'est la reproduction de l'*Alphabet russe corrigé par Pierre le Grand* et de l'ordre impérial qui prescrit d'employer désormais cet alphabet pour les publications laïques. Jusqu'à Pierre le Grand, on imprimait le russe en caractères slavons (de même que chez nous on imprimait jadis en lettres gothiques). Le réformateur de la Russie exigea l'introduction d'un alphabet plus cursif et plus voisin du nôtre. C'est ce qu'on appelle l'alphabet *civil*, par opposition à l'alphabet slavon, réservé désormais aux publications religieuses. L'alphabet reproduit par la Société est une épreuve corrigée de la main même de Pierre le Grand : l'empereur, en guise de bon à tirer, a mis en tête du volume l'ordre suivant :

« C'est avec ces lettres qu'on doit imprimer désormais les livres historiques et industriels; celles qui sont effacées ne doivent pas être employées. »

L'écriture du grand empereur est absolument illisible; l'original de ce précieux document appartient au Saint-Synode. On doit des remerciements tout particuliers à la Société pour la publication de ce fac-similé.

On remarquera encore parmi les publications faites non plus aux frais, mais sous le patronage de la Société, un immense alphabet slavo qui se déroule avec toutes sortes d'ornements, d'entrelacs; on en ignore l'origine; l'édition de ce document est due à M. J.-J. Sreznevsky, fils du savant doyen de la Faculté des lettres de Saint-Pétersbourg.

La Société de littérature finlandaise a tenu, elle, à donner une haute idée de la littérature nationale;

elle expose toute une série d'ouvrages d'une exécution fort élégante : le portrait de Runeberg, le grand poëte de la Finlande, domine pour ainsi dire cet ensemble, ingénieusement groupé. Citons parmi les ouvrages exposés : *les Antiquités finno-ougriennes* (en finnois et en français), les ouvrages philologiques de MM. Ahlquist, Donner, des dictionnaires finnois-français, finnois-suédois, finnois-latins, etc. Les journaux de la Finlande, en langue finnoise et suédoise, sont également exposés. On remarque également quelques recueils polonais illustrés. La presse russe est absente.

Au point de vue de l'imprimerie et de la gravure, aucun établissement particulier ne saurait rivaliser avec l'*Expédition impériale pour la confection des papiers de l'État*. Cet établissement fait à la fois l'imprimerie, la gravure, le papier, la galvanoplastie et l'électrotypie. Il expose des produits d'une pureté achevée : nos lecteurs ont eu certainement l'occasion de voir les timbres-poste russes, qui sont sans contredit les plus élégants de l'Europe ; les billets de banque, celui de cent roubles notamment, sont de véritables chefs-d'œuvre. Les armures et bronzes archéologiques reproduits par la galvanoplastie sont également d'une admirable exécution.

Les maisons Bittner, de Pétersbourg, et Jurgensohn, de Moscou, ont envoyé un riche assortiment de musique. Elles publient, outre les classiques de toutes les nations, ceux des grands musiciens russes, Glinka,

Rubinstem, Tchaïkovski, Napravnik, Rimsky-Korsakov, des chansons russes et petites-russiennes, etc. Ces publications musicales se ressentent des émotions que la Russie a traversées depuis deux ans; on y remarque une marche serbe, une marche de Gourko, une marche du Balkan, etc. L'ornementation polychrome de certains morceaux d'un caractère populaire est fort intéressante.

Classe X.

Papeterie; reliures; matériel des arts de la peinture et du dessin.

La papeterie est représentée par la maison Koumanine, de Moscou; la maison Lyra, de Riga; par la fabrique de Mirkov; cette industrie est encore loin d'avoir acquis en Russie tout son développement. La reliure est complétement absente. Le matériel des arts du dessin est représenté par un banc-table fort ingénieux provenant de l'école réale de Saint-Pétersbourg.

Classe XI.

Application usuelle des arts du dessin et de la plastique.

Nous avons déjà signalé plus haut les travaux de l'école Strogonov, qui s'efforce de fournir des modèles d'un goût pur à l'industrie nationale. Notons ici une nouvelle invention qui peut rendre les plus grands services aux arts plastiques : le D¹ Levitoux, de Varsovie, expose un corps de femme en plâtre moulé sur nature d'un seul jet; les moindres plis de la peau, le grain même sont reproduits avec une désespérante fidélité. La vie semble frémir dans cet étonnant fac-similé.

M. Sokolov, de Moscou, expose des reproductions d'images saintes (ikones). M. Vitkowski, de Varsovie, des cachets, etc.

Classe XII.

Épreuves et appareils de photographie.

La photographie n'est représentée que par quelques exposants, dont les œuvres ont du reste un fini remarquable. M. Eli, de Varsovie, envoie des tableaux de genre finement saisis; son compatriote M. Mieczkowski met en relief dans d'excellentes épreuves la classique beauté des femmes polonaises; M. Bergamasco, le photographe attitré des théâtres de Pétersbourg, nous renvoie les portraits flattés de nos acteurs les plus célèbres. M. Bojarski, de Moscou, M. Karoline, de Nijni-Novgorod, exposent des portraits et des scènes d'intérieur. Nous eussions préféré des paysages caractéristiques ou des types nationaux. On trouvera un intérêt tout particulier aux vues prises, en Arménie, de M. Yermakov.

O.

Classe XIII.

Instruments de musique.

Les pianos à queue des maisons Krall et Sedler (Varsovie), Malecki (Varsovie), Becker (Saint-Pétersbourg), et quelques instruments à vent, représentent seuls cette classe. Les pianos Becker sont fort estimés en Russie.

Classe XIV.

Médecine. Hygiène et assistance publique.

Nous avons déjà signalé plus haut l'exposition de l'école des sourds-muets et aveugles de Varsovie. Le Dr Micislas de Malez (de Varsovie) expose un appareil inhalateur pour reproduire dans les appartements l'air des forêts, M. Pœhl un pulvérisateur destiné à arroser les blessures, les docteurs Semenov et Solomka, de Moscou, des objets de pansement.

Classe XV.

Instruments de précision.

Les articles exposés sont peu nombreux, mais d'une excellente exécution. M. Schvedov, d'Odessa, présente une pompe à clavier à pomper les acides pour charger les batteries galvaniques, qui est d'un mécanisme fort ingénieux, et un télémètre d'une extrême sensibilité pour l'artillerie de marine. MM. Pik (de Varsovie), Edelberg, de Kharkov, Rozenberg, de Saint-Pétersbourg, présentent des appareils moins nouveaux, mais d'un bon travail. Notons encore un compteur mécanique de M. Tchebichev, le fameux mathématicien de Saint-Pétersbourg.

Classe XVI.

Cartes et appareils de géographie et cosmographie.

On se rappelle la part importante que la Russie prit en 1875 au Congrès de géographie. Le Musée pédagogique du ministère de la guerre a publié à cette époque une notice sur le matériel d'enseignement pour l'étude de la géographie et de la cosmographie. Nous y renvoyons les spécialistes; nous appelons spécialement leur attention sur les appareils de géographie mathématique de M. le général Khakovsky. Parmi les cartes les plus remarquables, citons la carte ethnographique de la Russie d'Europe publiée sous la direction de Rittich, les cartes et atlas du colonel Iline, chef du grand établissement cartographique de Pétersbourg. La maison Iline n'occupe pas moins de 140 personnes, et produit par an plus de 600,000 exemplaires, représentant un trafic moyen de 400,000 roubles. Nous avons signalé les types ethnographiques dont l'emploi est très-fréquent dans les écoles russes. Notons encore les belles publications statistiques de M. Bloch, de Varsovie, qui paraîtront prochainement en français, et les cartes du Comité central de statistique à Saint-Pétersbourg.

GROUPE III

MOBILIERS ET ACCESSOIRES

Classe XVII.

Meubles à bon marché et meubles de luxe.

La Russie est trop loin de nous; ses meubles à bon marché sont trop difficiles à exporter pour qu'elle ait songé à nous en envoyer : cette classe ne nous offre guère que des articles de luxe. Notons seulement, comme meubles vulgaires et utiles, quelques spécimens de lavabos à pédales. Les Russes, plus délicats que nous sur ce point, n'admettent que les ablutions à eau courante; au robinet qu'on tourne avec la main, ils ont substitué une pédale qu'on presse avec le pied droit. L'eau cesse de couler dès qu'on retire le pied.

La maison Bruggen, de Saint-Pétersbourg, qui a exécuté les principales vitrines de la section russe, expose un billard et une armoire en bois de chêne d'un bon style; Siebrecht, de Moscou, un élégant dressoir en style russe; le prince Kotchoubey, une table en marqueterie exécutée sur ses dessins par un artisan de sa maison, dans le gouvernement de Poltava ; un de nos compatriotes, M. Camille, de Saint-Pétersbourg, a reproduit en chêne un buffet de la Renaissance ; la maison Levitt, de Moscou, a envoyé des meubles de salle à manger en style russe. On remarquera que dans l'ornementation propre à ce style la ligne courbe est généralement absente.

Classe XVIII.

Ouvrages du tapissier et du décorateur.

Cette classe n'est guère représentée que par un spécimen en miniature des tapisseries exécutées par M. Mergenthaler, de Varsovie, et les rideaux et tentures de la maison Lafon. Nous parlerons plus loin des objets en malachite, en lapis-lazuli, sorte de joyaux gigantesques, qui, suivant leur monture ou leur dimension, rentrent dans cette classe ou dans la classe 24.

Classes XIX et XX.

XIX. *Cristaux, verrerie et vitraux.* — XX. *Céramique.*

La verrerie n'est guère représentée que par les produits sans prétentions de la maison Kosterev, de Varsovie. La manufacture impériale de Pétersbourg n'a malheureusement rien envoyé de ses remarquables porcelaines ; un artiste russe qui vit à Paris, M. Egorov, présente un certain nombre de coupes et d'assiettes peintes et cuites à Paris, mais dont les sujets sont tous empruntés à l'histoire et à la légende nationales. Quelques-unes des lampes en porcelaine de la maison Stange (voy. plus bas) sont illustrées d'ornements à la russe. L'usine *Arabia*, de Helsingfors (Finlande), a exposé des porcelaines élégantes, mais dont le style n'offre rien de particulier ; cette maison s'est même essayée, non sans succès, dans les plats genre Bernard Palissy.

Les églises orthodoxes de la Russie ne connaissant pas l'usage des vitraux peints, cette branche d'industrie n'est pas représentée.

Classes XXI et XXII.

XXI. *Tapis : tapisserie et autres tissus d'ameublement.*
XXII. *Papiers peints.*

Pour toutes ces industries, la Russie est encore aujourd'hui tributaire de l'étranger ; l'usage du papier peint y est d'ailleurs assez peu répandu. Des maisons de Varsovie, de Pétersbourg et de Helsingfors en ont exposé quelques spécimens. L'administration du gouvernement général du Turkestan a envoyé des tapis tissés par les indigènes ; ces produits, fort répandus aujourd'hui à Paris, n'appartiennent pas plus à l'industrie russe que les tissus algériens à l'industrie française. Les tapis en fourrure de la maison Lindfors, de Moscou, ont plus d'intérêt au point de vue qui nous occupe.

Classe XXIII.

Coutellerie.

La fabrique Hackmann, de Viborg (Finlande), et plusieurs fabriques de Pavlovo, sans avoir la prétention de rivaliser avec Sheffield, envoient des produits fort convenables. Le village de Pavlovo, l'un des plus industrieux de la Russie, est situé dans le district de Gorbatovo, gouvernement de Nijni-Novgorod. C'est là que se concentre presque toute la coutellerie de la Russie, qui du reste pour les articles finis est encore tributaire de l'Angleterre.

Classe XXIV.

Orfèvrerie.

Voici le véritable triomphe de l'art industriel russe. La maison Adler expose des coupes en argent et or émaillés d'un travail exquis ; une merveilleuse vue du Kremlin sur fond d'argent, avec un cadre splendidement émaillé incrusté de cabochons. La maison Sazikov, de Moscou, a peuplé sa vitrine de véritables chefs-d'œuvre : albums photographiques, porte-cigares, porte-cigarettes en argent mat, bruni, gravé ou niellé, porte-photographie, cuillers niellées, ikones revêtues d'or et d'argent, vases et assiettes dans le style populaire russe ; tout atteste la perfection d'un art accompli. Le prix de tous ces articles est malheureusement fort élevé. Il ne se fait rien de similaire en Europe. Notons encore un magnifique surtout de table en argent, offert, croyons-nous, par les officiers d'un régiment de hussards à leur colonel ; un buste excellent de Thiers, délicat hommage rendu à la mémoire du grand patriote que nous pleurons et dont la mort a été vivement ressentie même en Russie ; un modèle d'izba en argent; un magnifique pot à bière du même métal, autour duquel se déroule en bas-relief la danse populaire russe, le khorovod. Notons encore des porte-cigares, des boîtes d'allumettes, des plats d'album, des coupes, des boutons de manchettes reproduisant des scènes pittoresques, pleines de vie et de mouvement.

La maison Chlebnikov, de Moscou, expose, dans le même ordre, des groupes en argent fort remarquables, notamment une reproduction du monument de Catherine récemment érigé à Saint-Pétersbourg, et un certain nombre d'imitations d'objets vulgaires idéalisés en quelque sorte par l'orfévrerie : plats en or recouverts d'une serviette en argent, boîtes à cigares, boîtes à thé, etc. Ovtchinnikov, de Moscou, a des articles du même genre d'une exécution très-distinguée.

La maison Hœssrich et Wœrfel, de Saint-Pétersbourg, expose dans une vitrine ornée des armes prussiennes une série d'objets en malachite et en lapis-lazuli (broches, boutons, bijoux de toute espèce). De grands albums photographiques avec plats en malachite, des tables en lapis-lazuli, des devants de cheminée en malachite ornés de pierres polychromes et de groupes de fruits attestent la richesse de ces contrées sibériennes, qui fournissent les pierres précieuses les plus diverses : rhodonite, jaspe, néphrite, etc. Ces splendeurs pâlissent à côté des vases gigantesques en malachite exposés par le prince Demidov de San-Donato. La maison Hœssrich et Wœrfel nous présente également d'excellents spécimens de cristal de Sibérie. Ce sont des petits blocs simulant la glace, posés sur des traîneaux mignons en bronze doré. Signalons encore des presse-papier surmontés de groupes de fruits polychromes : ils sont d'une excellente exécution et peuvent rivaliser avec les articles florentins.

Les cannetilles et fils en or de la maison Alexéiev, de Moscou, n'offrent pas, au point de vue du style, d'intérêt particulier.

Classes XXV.

Bronzes d'art.

La maison Hœssrich et Wœrfel, dont nous avons cité plus haut les malachites, expose des groupes en bronze représentant des types populaires (paysans conduisant un attelage de trois chevaux ou troïka, etc.) d'une heureuse exécution.

MM. Skoraczinski et Lopinski, de Varsovie, exposent des candélabres en fer forgé fort élégants ; la maison Stange, des bronzes d'art ; la maison Balton, des ouvrages galvanoplastiques.

Classe XXVI.

Horlogerie.

L'horlogerie proprement dite n'existe pas chez les Russes. Ils importent les produits de Genève ou de Paris. Les rares spécimens que la Russie envoie ne se font remarquer que par leur monture. Telles sont par exemple les pendules en malachite. M. Stange, de Saint-Pétersbourg, fournisseur de la cour impériale, nous offre une pendule en vieil argent, style russe, accompagnée des flambeaux de même style. M. Adler expose un article plus bizarre qu'élégant : c'est un tournesol en métal monté sur sa tige et qui marque les heures et tourne sur lui-même. Seule la maison Holensten, de Björnberg (Finlande), expose une montre de voyage.

Classe XXVII.

Appareils de procédés de chauffage et d'éclairage.

Les procédés de chauffage qu'exige l'âpre climat du Nord ne ressemblent nullement aux nôtres : les Russes grelotteraient au feu de nos maigres cheminées, qui ne chauffent qu'une seule pièce à la fois et, dans cette pièce, les parties seulement qui sont dans le rayon de leur action immédiate. Il faut à la Russie des poêles gigantesques, capables d'entretenir une température uniforme dans l'appartement, au besoin dans la maison tout entière. Ces poêles, en faïence, atteignent des proportions colossales. Ils peuvent, grâce aux dessins dont ils sont revêtus, servir à l'ornementation de la maison. Deux spécimens en style russe méritent l'attention ; ceux que la Finlande expose sont d'une élégante fabrication, mais sans caractère particulier. En général, les produits de l'industrie finlandaise n'offrent point de type original. Ce sont de bonnes imitations de choses qui se rencontrent partout ailleurs.

Le produit typique de l'industrie russe dans cette classe, c'est le samovar. Il pique la curiosité du public, qui n'en comprend guère le mécanisme et le considère volontiers comme une « locomotive à faire le thé ». Samovar vient des deux mots russes : *sam*, soi-même, *varit*, bouillir. C'est un appareil qui porte en lui-même tout ce qu'il faut pour faire bouillir de l'eau. Cette eau, une fois bouillante, sert à faire le thé ou toute autre infusion ; mais on ne met jamais le thé dans le samovar. Il se compose d'une chaudière en cuivre, en forme d'urne à deux anses ; elle est traversée perpendiculairement par un tube terminé par une grille à son extrémité inférieure. Ce tube est rempli de charbons de bois ou de braise allumée : la cendre tombe par la grille. L'eau s'échauffe rapidement : dès qu'elle arrive à l'ébullition, il suffit de tourner un robinet pour l'introduire dans la théière. Le tube central peut être surmonté soit d'une cheminée mobile qui active le tirage, soit d'une couronne en cuivre sur laquelle on pose la théière. C'est, comme on le voit, le système de chauffage tubulaire qui est appliqué aux chaudières de nos locomotives. Les accessoires du samovar sont un plateau en cuivre et un bol du même métal qui sert à rincer les tasses ou les verres. Les Russes ne connaissent pas l'usage de la passoire à thé. Il y a des samovars qui tiennent jusqu'à cinquante tasses : c'est en Russie un meuble de famille aussi indispensable que peut l'être chez nous la bouilloire à café. Les samovars les plus estimés sont fabriqués à Toula et à Moscou.

L'industrie des allumettes (allumettes amorphes système suédois) est représentée par les fabriques finlandaises d'Uleaborg, Gamla-Karleby, Tammerfors et par une fabrique de Riga.

Classe XXVIII.

Parfumerie.

Cette classe est représentée par les maisons Sommer (Varsovie), Rallet (Moscou), le Laboratoire chimique de Saint-Pétersbourg. Une maison de Saint-Pétersbourg expose une eau merveilleuse, la Rousalka (la Naïade, la fée des eaux). Elle fait, paraît-il, repousser les cheveux des têtes les plus chauves. Un débit spécial de Rousalka a été établi dans une des annexes de l'Exposition. C'est un élégant œdicule en style russe qui mérite d'être remarqué, même par ceux qui n'ont pas besoin de la Rousalka. La personne qui tient le comptoir de cet établissement porte le costume élégant des paysannes de la Petite-Russie.

Classe XXIX.

Maroquinerie. Tabletterie. Vannerie.

Cette classe est faiblement représentée. Les articles en cuir de Russie sont généralement fabriqués à Vienne.

Ce qui mérite l'attention, ce sont les objets en laque (que les Russes appellent papier mâché), fabriqués par les maisons Loukoutine et Tichniakov. Cette laque reçoit et conserve fort bien la peinture et même la photographie. La plupart de ces articles sont ornés de peintures typiques fort intéressantes.

La maison Feist, de Varsovie, envoie une collection de brosses; les produits de la vannerie ont été groupés dans la classe 44 (*produits des industries forestières*).

GROUPE IV

TISSUS, VÊTEMENTS ET ACCESSOIRES.

Ce groupe offre un certain nombre d'articles typiques exécutés dans le style national. Ils méritent toute l'attention du visiteur.

Classe XXX.

Fils et tissus de coton.

Le costume russe tend de plus en plus à se modeler sur celui de l'Europe occidentale ; cependant les femmes du peuple conservent un goût particulier pour les couleurs criardes et les étoffes à grands ramages ; les nombreuses fabriques d'indiennes qui se sont établies en Russie tendent autant que possible à satisfaire ce goût ; l'une des plus importantes est la Compagnie de la fabrique d'indiennes dirigée à Moscou par M. Hubner ; M. Hubner est notre compatriote ; il est d'origine alsacienne, et sa manufacture est dirigée en partie par des Alsaciens ; après les événements de 1870, tout le personnel de la maison Hubner a, bien entendu, opté pour la nationalité française ; de nombreuses médailles ont déjà récompensé les produits de cet important établissement, qui les exporte jusque dans l'Asie centrale. Il est à remarquer que presque toute l'industrie des indiennes est concentrée dans la région du centre de la Russie : à Moscou (maisons Hubner, Zindel, Morozov, Zimine), aux environs de cette ville (maison Konchkine, à Serpoukhov). Dans le gouvernement de Vladimir, la Société Báranov, de Karabanovo, expose des fichus et mouchoirs teints en rouge d'Andrinople. C'est la coiffure habituelle des paysannes et des petites bourgeoises qui ne connaissent pas le bonnet. Les tissus de la Pologne (maisons Poznanski et Scheibler, à Lodz) et de la Finlande (Société Forssa, à Tammela) se rapprochent plus des nôtres et n'offrent pas ces couleurs criardes qui distinguent les tissus de la Grande-Russie.

Classe XXXI.

Fils et tissus de lin, de chanvre, etc.

Les exposants de cette classe sont peu nombreux ; leurs produits du reste ne diffèrent guère de ceux que l'on peut rencontrer chez les autres nations ; nous regrettons que le gouvernement d'Iaroslavl n'ait rien exposé ; nous avons signalé plus haut la prospérité de l'industrie des toiles dans ce gouvernement, où tel village ne produit pas moins de 100,000 pièces par an. Le développement considérable de la navigation intérieure et maritime de l'empire russe a imprimé une vive impulsion à l'industrie des cordages et toiles à voiles. Signalons seulement celle du baron Stiéglitz, à Narva (près de Saint-Pétersbourg, Russie), et les tissus de la maison Hille et Diterich, à Girardowo (gouvernement de Varsovie).

Classe XXXII.

Fils et tissus de laine peignée.

C'est toujours Moscou qui, au point de vue de l'industrie des étoffes, occupe le premier rang : sauf une maison de Lodz, près de Piotrkov (royaume de Pologne), tous les exposants de cette classe appartiennent à l'ancienne capitale de la Russie. Leurs produits peuvent soutenir avec avantage la concurrence occidentale. Quelques-uns (nous avons noté particulièrement ceux de la maison Timachev) sont d'une rare élégance.

Classe XXXIII.

Fils et tissus de laine cardée.

C'est encore la Russie centrale et le royaume de Pologne qui fournissent à cette classe le plus large contingent d'exposants. Le gouvernement de Piotrkov (Pologne) n'en présente pas moins de sept. Le gouvernement de Grodno (provinces occidentales) en pré-

sente deux. Celui de Moscou en a trois ; les autres se
répartissent entre les gouvernements de Saint-Pétersbourg, Koursk, Pinsk, Simbirsk, etc. Les draps sont
d'un bon travail ; néanmoins la Russie importe encore
des tissus anglais, français et autrichiens. Signalons
particulièrement les draps en poil de chameau qui
viennent du gouvernement de Tambov et de celui de
Simbirsk. L'administration du gouvernement général
du Turkestan a exposé ici des étoffes en laine cardée
et en poil de chèvre.

Classe XXXIV.

Soie et tissus de soie.

Le Turkestan et le Caucase fournissent à la Russie
la soie brute : c'est encore Moscou qui la manufacture. Une maison d'Ordoubat, près d'Erivan (Caucase),
expose de la soie grège. Moscou envoie des gazes,
des barèges, des popelines, des satins, des failles, des
brocarts, des rubans et des fils de soie. La plupart de
ces articles sont d'une excellente qualité et, sans rivaliser avec ceux de Lyon, attestent un sérieux progrès
industriel. La maison Fomitchev, de Moscou, expose
entre autres une résurrection du Christ tissée sur fond
rouge ; la maison Sapojnikov, de Moscou, des ornements d'église en brocart qui méritent d'être remarqués ; il n'est guère de classe où l'un des grands exposants ne porte un nom français : celui de M. Goujon

est à signaler ici, comme celui de M. Hubner dans la classe 30.

Classe XXXV.

Châles.

Les produits de cette classe, tous originaires de Moscou, n'offrent rien de remarquable.

Classe XXXVI.

Dentelles, tulles, broderies et passementeries.

Ce sont encore des noms français que nous rencontrons en tête de la classe 36, où pourtant s'étalent quelques-uns des plus purs spécimens du goût national russe. La vitrine de la maison Lafont est particulièrement remarquable ; deux mannequins d'enfants costumés de l'ancien costume des boïars russes attirent l'attention ; on remarque également de nombreux échantillons de lingerie brodée : la couleur bleue et la couleur rouge dominent sur ces broderies primitives, d'où la ligne courbe est généralement absente et où les dessins symétriques varient à l'infini ; des inscriptions d'un caractère plaisant (Porte-toi bien ! Aime-moi ! etc.) circulent autour des mouchoirs ou des tabliers ; des coqs, des cerfs brodés au point de tapisserie conservent une immobilité hiératique. Il est impossible de ne pas constater une analogie frappante entre le style de ces dessins et l'ornementation des maisons en bois dont nous avons déjà indiqué les principaux caractères. Un couvent du gouvernement de Toula expose des mouchoirs et dessins brodés dans le même style. La curiosité du public s'attache particulièrement à ces produits, qui certainement trouveront tous acquéreur à l'Exposition. Plusieurs maisons de Finlande ont envoyé des dentelles ; mais elles n'ont pas l'originalité des broderies russes. Les passementeries d'or de la maison Souratov, de Saint-Pétersbourg, sont d'une bonne exécution : la Russie est par excellence le pays du galon ; tous les fonctionnaires publics y portent l'uniforme, et tel doyen de faculté en grande tenue est aisément pris par l'étranger pour un général de division.

Classe XXXVII.

Articles de bonneterie et de lingerie ; objets accessoires du vêtement.

La lingerie russe n'offrirait pas d'intérêt particulier sans les broderies dont elle est ornée. La plupart des objets exposés dans cette classe se rattachent par leur ornementation à la classe précédente : tels sont les articles des maisons Rounine, Fribourg et Scherechevski, de Moscou ; cette dernière expose notamment un costume complet de paysanne brodé à la russe et fort élégant ; nous en dirons autant des essuie-mains et serviettes de la maison Selivánov. Les autres articles qui appartiennent à cette classe, gants, éventails, parasols, etc., ne diffèrent pas assez de ce qui se fait chez nous pour mériter une attention particulière.

Classe XXXVIII.

Habillement des deux sexes.

Il est regrettable que la Russie n'ait pas, comme d'autres États, par exemple la Hollande, exposé un certain nombre de mannequins représentant des types nationaux tout costumés. Il y a encore un costume national russe, et il est original dans les moindres détails, depuis la coiffure jusqu'aux chaussures, depuis la chemise flottante du moujik jusqu'au sarafane de la paysanne; malheureusement, il tend à disparaître de plus en plus; on pourra s'en faire une idée en combinant les divers éléments de la classe 38 avec ceux que nous avons déjà étudiés dans les deux précédentes.

La Russie est le pays des fourrures [1]; certaines vitrines en renferment de magnifiques spécimens, notamment celles des maisons Bielkine et Petrov et Medvelev. Cette dernière a envoyé de merveilleux

---

[1]. Les anciennes chroniques russes, quand elles parlent d'un prince guerrier, ne manquent point de rappeler qu'il prélevait par feu une peau de martre ou de renard. C'est du russe *sobol* qui nous sont venus le mot *sable* en blason et le mot zibeline.

paletots de dames et des costumes dans l'ancien style, garnis avec une grande richesse. M. Tchistiakov, de Saint-Pétersbourg, expose des coiffures fourrées d'un luxe tout à fait oriental. Les confections pour dames en duvet de cygne ne manquent pas d'attirer et de fixer longuement les regards des visiteuses. Mais ce qui mérite surtout l'attention, ce sont les produits de Torjok : Torjok est un chef-lieu de district du gouvernement de Tver où l'on brode le maroquin en or, en argent et en soie; elle produit en quantité innombrable des brodequins, des bottes, des pantoufles et autres menus articles fort renommés pour leur bon goût et leur élégance. La maison Bogdanov, de Saint-Pétersbourg, en a exposé de nombreux spécimens.

Les Russes sont très-fiers de la qualité de leurs cuirs; malheureusement, les étrangers qui voyagent en Russie n'ont guère lieu de la constater; on leur vend fort cher des articles dits de Hambourg et d'une qualité détestable. Parmi les coiffures exposées à côté des modèles occidentaux, il faut remarquer le chapeau bizarre du cocher russe et les toques en velours ornées de plumes de paon qui font partie du costume populaire de certaines provinces.

Classe XXXIX.

Joaillerie et bijouterie.

Les articles qui figurent dans cette classe sont loin de valoir les produits similaires de la classe 24 (*orfé-*

vrerie). Ils diffèrent peu de ce que nous connaissons. Nous avons remarqué des boutons de manchettes patriotiques portant les noms des principales victoires de la guerre d'Orient. L'administration du gouvernement général du Turkestan a envoyé des articles de bijouterie indigène fort intéressants. La maison Pernstein, d'Ostrolenka (Pologne), expose des bijoux en ambre de nuances délicates.

Classes XL, XLI et XLII.

XL. *Armes portatives, chasse.* — XLI. *Objets de voyage et de campement.* — XLII. *Bimbeloterie.*

Ces trois classes sont toutes trois assez faiblement représentées : la fabrique d'armes de Zlatoust (gouvernement de Perm) a envoyé des armes blanches; celles de Toula, de Berdiansk, etc., n'ont rien envoyé. Evidemment, les industries relatives à la guerre ont été entièrement absorbées par les besoins de l'armée du Danube.

Parmi les objets de voyage et de campement, nous regrettons de ne point rencontrer quelques-uns de ces élégants sundouks (coffres) aux couleurs chatoyantes qui attirent l'attention de l'étranger aux bazars de Moscou ou de Saint-Pétersbourg. Peut-être les retrouverons-nous dans un autre groupe. La maison Nissen, de Saint-Pétersbourg, envoie de beaux articles de voyage en cuir de Russie; mais le cuir de Russie, ainsi que nous l'avons fait remarquer plus haut, est une spécialité viennoise.

Classe XLIII.

Produits de l'exploitation des mines et de la métallurgie.

Les produits de l'industrie minière constituent l'une des sources les plus abondantes de la richesse de la Russie ; la Sibérie offre des gisements inépuisables et dont l'exploitation est encore à peine ébauchée. « J'ai passé sur des gisements de minerais de plusieurs milles de longueur, écrit le voyageur anglais Barry ; j'ai mis des jours à traverser d'interminables forêts, et, du sommet des plus hautes montagnes, j'ai vu, à tous les coins de l'horizon, les collines et les forêts entièrement couvertes de bois épais. Ces bois ne sont pas encore exploités : ils restent là inutiles ; assez abondants pour satisfaire tous les besoins de l'homme, ils n'attendent que la hache de l'émigrant et le jour où le courant de la colonisation passera par la Sibérie. »

Les mines commencent dès la région de l'Oural ; M. Paul Demidov, prince de San Donato, envoie de superbes échantillons de celles qu'il possède à Nini Tagilsk, dans le gouvernement de Perm : ce sont des minerais de fer et de cuivre, des cuivres, des fontes, des aciers, des sables aurifères, de l'or et du platine natifs. C'est dans la malachite de ces mêmes mines qu'ont été taillés les admirables vases qui figurent sous la classe 18. C'est du reste à l'industrie minière que la famille Demidov a dû à la fois sa fortune et sa célébrité. Le premier d'entre eux, Nikita Demidov, était un simple forgeron de Toula, au temps de Pierre le Grand. Ses descendants ont créé dans l'Oural l'industrie métallurgique ; beaucoup d'entre eux sont devenus célèbres pour avoir attaché leur nom à des fondations littéraires ou scientifiques. A côté des mines du prince Demidov, nous trouvons ici représentées celles du baron de Gunzbourg, à Berezovsk, dans le gouvernement de Perm (minerais de plomb, de cuivre, sables aurifères), celles d'Arkhangelsk, dans le gouvernement d'Oufa. Le mont Botougal, dans le gouvernement d'Irkoutsk, fournit le célèbre graphite Alibert, dont se fabriquent les meilleurs crayons ; le gouvernement d'Irkoutsk envoie des fers bruts et ouvrés, la province de l'Amour des minerais d'or ; parmi les maisons qui mettent en œuvre ces richesses que la nature fournit si largement, signalons en première ligne la maison Goujon, de Moscou (encore un nom français), qui expose spécialement des clous et des fils de fer ; elle produit par jour 16,000 kilos de fil de fer et 9,500 kilos de clous. L'aciérie de Kniaz-Mikhaïlovsk, à Zlatooust, gouvernement d'Oufa, fabrique de l'acier pour armes blanches ; celle de Satkinsk, dans le même district, de la fonte et de l'acier puddlé ; le gouvernement de Viatka est également représenté par un grand nombre d'établissements.

Mais la région Est de la Russie n'est pas la seule qui abonde en richesses minérales ; à peu de distance de Saint-Pétersbourg, le gouvernement d'Olonets est riche en granit, en ardoises, en marbres, en minerais de fer ; il n'a malheureusement envoyé aucun échantillon de ses marbres ; il expose du charbon, de la fonte, des projectiles, etc. Au sud-ouest de la Russie, nous trouvons les charbons du gouvernement d'Ekaterinoslavl ; au sud-est, le pétrole de la province de Kouban, celui de la province de Bakou (Caucase), etc.

Le royaume de Pologne, moins riche que la Russie orientale, offre cependant des échantillons dés mines du gouvernement de Kielce et du gouvernement de Piotrkov (fontes, fer et zinc et charbons). Des maisons de Varsovie exposent des objets en fonte travaillée. La Finlande est représentée par des échantillons de pierre à aiguiser, de minéraux et notamment d'un granit noir fort remarquable, récemment découvert. On sait que c'est aux carrières de Finlande qu'a été emprunté le granit de l'église de Saint-Isaac à Saint-Pétersbourg et celui du sarcophage de Napoléon Ier aux Invalides.

Classe XLIV.

Produits des exploitations et des industries forestières.

L'industrie forestière est nécessairement très-développée en Russie ; les essences de bouleau, de sapin, de tilleul y réussissent mieux que partout ailleurs, et le paysan industrieux de certaines régions en tire non-seulement du mobilier et de la vaisselle, mais même certaines parties de son vêtement. Ainsi, avec la tille ou *liber* du tilleul, il tresse des *laptis*, sorte de chaussures fort légères et assez solides ; il en fait des harnais et des toiles d'emballage très-souples et imperméables à la pluie. A la fois tendre et élastique, le bois russe se plie aisément aux usages les plus délicats.

Parmi les objets les plus intéressants de cette classe, il faut remarquer, outre les objets en tille, les jouets d'enfants en bois blanc peint et sculpté, les coqs de même matière que le paysan suspend au-dessous des saintes images (sans doute pour mettre ses bestiaux sous leur protection), les *sundouks*, ou coffres en bois qui méritent qu'on s'y arrête un instant. Ces coffres se fabriquent particulièrement à Makariev, sur le Volga, dans le gouvernement de Kostroma. Ils sont revêtus d'une garniture en fer blanc, tantôt argentée, tantôt cloisonnée, relevée parfois aux angles de tons vifs et nacrés. La serrure est à sonnerie ; c'est sans doute une précaution contre les voleurs ; le paysan russe serre dans le sundouk les effets les plus précieux : le couvercle du coffre est toujours plat et jamais cintré. La décoration de ces sundouks varie à l'infini.

Un autre produit en bois fort intéressant, ce sont les sébiles et plats en bois creusé, peint en rouge et orné de filets d'or. Cet article, aujourd'hui très-répandu chez nous, se vend surtout dans les magasins de thés et de chinoiseries; on l'a cru longtemps d'origine asiatique : c'est en Russie qu'il se fabrique; l'exposition en offre de très-curieux spécimens. A côté de cette vaisselle en bois, il faut placer les cuillers dans le même style; quelques-unes sont d'une ornementation fort élégante; les plus vulgaires portent généralement sur la face intérieure un dessin grossier représentant un célèbre monastère, par exemple celui de la Trinité, près de Moscou.

Le catalogue sommaire de chaque classe permet de se faire *a priori* une idée exacte de la façon dont telle industrie est répartie sur la surface du pays : l'industrie des métaux se concentre dans l'Oural et en Sibérie; celle du bois a pour centre le haut Volga et surtout les gouvernements de Kostroma et de Nijni-Novgorod.

La Finlande n'a pas de ces menus objets en bois qui sont la parure des isbas russes : ses paysans mangent dans des cuillers de fer; elle garde ses excellents bois pour les constructions navales; elle n'a exposé que quelques spécimens de poutres, du goudron, et des bobines. Une maison de Riga envoie des bouchons; mais, s'ils sont fabriqués dans cette ville, le chêne-liége qui en a fourni la matière n'est certainement pas originaire de la Russie.

Un économiste russe, M. Vechniakov, dans une notice sur *l'Industrie domestique*, fournit d'intéressants détails sur les industries qui se rattachent aux uvrages en bois : « L'abondance des forêts, qui, en dépit de leur dévastation presque systématique, occupent encore en Russie une superficie de 172 millions de déciatines, — soit 43 0/0 de l'étendue totale de la Russie d'Europe, — a beaucoup contribué à l'établissement, de temps presque immémorial, des industries domestiques se rattachant aux ouvrages en bois. Il n'est guère de gouvernement au nord ou au centre de la Russie — pays où les forêts se sont surtout conservées — où il n'existe quelque fabrication d'articles en bois. Ces industries, qui occupent tous les membres de chaque famille, sans excepter les enfants de dix à douze ans, ne rapportent pas de grands profits aux producteurs, mais elles ont cet inappréciable avantage de procurer de l'ouvrage en hiver, et même en été, à la population rurale, sans l'obliger à s'éloigner du sol natal pour chercher au hasard du travail dans des localités plus ou moins éloignées.

« Il serait assez difficile de désigner avec quelque précision les localités où s'exerce telle ou telle petite industrie se rapportant aux articles en bois, attendu qu'on les rencontre dans toutes, un peu partout ; nous nous bornerons en conséquence à indiquer les grands centres de cette fabrication.

« Les cuillers en bois, par exemple, sont fabriquées en grandes quantités dans les gouvernements de Nijni-Novgorod, Kostroma et Viatka. On estime la consommation de cet article à 30 millions de pièces au moins par an. Les trois gouvernements sus-mentionnés en confectionnent à eux seuls la moitié, pour une somme d'environ 125,000 roubles. Dans le gouvernement de Nijni-Novgorod, le centre de cette fabrication est le district de Sémónow, où soixante villages exercent cette industrie et en fabriquent annuellement 3 millions de pièces pour une somme de 20,000 roubles. Un habile ouvrier peut en confectionner de 70 à 100 pièces par jour, mais chaque pièce doit subir quatre opérations successives. D'abord on prépare des bottes ou paquets de bois de 3 1/2 verchoks de long; on se sert pour cet usage de bouleau, de tremble, d'érable et de buis; ces bottes de bois sont souvent apportées au marché, où les producteurs de cuillers les achètent. Souvent on les apporte de bien loin; ainsi l'érable provient des gouvernements de Kalouga, de Smolensk et de Samara.

« La seconde opération consiste à donner au morceau de bois la forme de la cuiller; la troisième, à tailler le manche; enfin la quatrième, à teindre en jaune la cuiller déjà préparée. — Un millier de cuillers en bois se vend de 6 roubles 50 cop. à 25 roubles.

« La vaisselle en bois est principalement confectionnée dans les gouvernements de Novgorod, de Kostroma, de Vladimir, de Nijni-Novgorod, de Viatka et de Perm. Cependant on en fabrique même dans celui d'Astrakhan, bien qu'il soit peu boisé. Dans ce dernier gouvernement, la préparation des tasses en bois pour les Kalmouks, qui s'en servent pour prendre le thé, est concentrée dans le village de Bogorodsk.

« La confection des tonneaux, des barils, des seaux, des baquets, des auges, des cuvettes et autres articles de grande et petite vaisselle en bois est répandue dans presque tous les gouvernements, à l'exception de ceux du midi, vu la rareté du bois dans ces derniers. Dans certaines localités, les ouvriers font eux-mêmes tous les travaux se rattachant à cette industrie, depuis la préparation des matériaux jusqu'à la confection des divers ustensiles de vaisselle ; dans d'autres, ils ne confectionnent que les parties séparées de ces ustensiles, laissant à d'autres le soin de les assembler et de compléter le travail.

« La fabrication des coffres et des meubles est particulièrement répandue dans les gouvernements de Perm, de Viatka, de Nijni-Novgorod et de Vladimir, et dans une partie de ceux de Tver et de Moscou. Dans le gouvernement de Perm, on fait beaucoup de coffres garnis de fer et contenant souvent des miroirs à l'intérieur. On en fabrique également dans les districts de Gorbatow et de Makariew (gouvernement de Nijni-Novgorod) et dans celui de Mourom (gouvernement de Vladimir). Dans le village d'Oziablikow, on confectionne ces mêmes coffres de différentes dimensions et proportionnés de façon à pouvoir entrer l'un dans l'autre.

« Les lieux les plus renommés pour la fabrication

des meubles sont la commune de Troïtzkaïa, dans le district de Viatka, ainsi que les districts de Zvénigorod et de Moscou. Une douzaine de chaises, de l'espèce la plus commune, se vend 1 r. 20 c.; mais les prix varient considérablement, en raison de la façon et du soin apporté à la confection.

« Les équipages, depuis les plus grossiers, tels que la charrette rustique (téléga) et le traîneau ordinaire, jusqu'à la *britchka* et la *neititchanka* (espèces de calèches), se fabriquent à peu près indistinctement partout. Dans quelques villages, on ne fait que certaines parties des équipages, telles que les roues, les timons, les essieux, les arcs (*douga*), etc. Les cercles de roues en chêne, confectionnés dans les gouvernements occidentaux, — notamment dans ceux de Minsk, de Vitebsk, de Mohilew, de Grodno, de Vilna et de Kovno, — constituent un article d'exportation assez considérable.

« Les outils pour les tisserands et les fileurs, tels que métiers, fuseaux et maques pour briser les tiges du lin, sont confectionnés le plus souvent dans les localités où se concentrent les industries textiles.

« Une des branches les plus considérables de l'industrie des ouvrages en bois est celle des objets en écorce de tilleul; elle est assez répandue presque partout, mais son siége principal est dans les gouvernements de Viatka, Nijni-Novgorod, Kostroma, Kazan, Perm, Simbirsk, Tambow et Penza.

« On consacre à peu près trois semaines dans l'année

à l'extraction de l'écorce de tilleul, au printemps, ou au commencement de l'été, mais pas plus tard qu'à la Saint-Pierre. Lorsque l'écorce est entière, elle est employée comme toiture, comme couverture des bâtiments fluviaux, ainsi qu'à la confection des traîneaux, des charrettes, des boîtes, etc. L'écorce séparée en plusieurs rubans sert au tissage des nattes (*rogogi*) et des sacs (*kouli*); l'écorce des jeunes tilleuls sert à la confection des cordes, de la chaussure des paysans (*lapti*) et de toutes sortes de corbeilles, etc.

« Pour comprendre à quel point cette industrie est destructive au point de vue de la sylviculture, il suffit de constater ce fait que l'on confectionne annuellement près de cent millions de paires de *lapti* (sandales d'écorce) et que, pour chaque paire de lapti, il faut abattre quatre arbres hauts d'une sagène.

« Dans le gouvernement de Kostroma, l'un des centres les plus considérables de la fabrication des articles en bois, on a déjà détruit toutes les forêts de tilleuls, de sorte qu'actuellement on en est réduit à faire venir des autres gouvernements le matériel nécessaire à cette industrie, car la population ne peut se décider à renoncer à une occupation à laquelle elle s'est habituée depuis des siècles.

« La préparation de la poix et du goudron est très-répandue parmi les paysans des gouvernements d'Arkhangel, de Vologda, de Viatka, de Kostroma et de Novgorod, qui appartiennent aux localités les plus boisées de l'empire. Ainsi le gouvernement d'Arkhangel, à lui seul, livre au commerce jusqu'à 100,000 tonneaux de poix, qui se vend au prix de 2 r. à 2 r. 50 cop. le tonneau sur place, et jusqu'à 4 roubles, rendu à Arkhangel. Ce sont surtout les districts de Velsk et de Kadnikow qui sont renommés par les quantités de poix et de goudron qu'ils fournissent; ainsi ce dernier district produit à lui seul jusqu'à 125,000 pouds de goudron et 30,000 pouds de poix, représentant une valeur de 150,000 roubles. Quant au mode de fabrication, il est des plus primitifs, et s'exerce non au moyen de poêles plus ou moins perfectionnés, mais tout simplement dans des fosses creusées en terre, ce qui entraîne une perte notable de produits. »

Classe XLV.

Produits de la chasse, produits, engins et instruments de pêche et des cueillettes.

Nous avons déjà énuméré dans une classe antérieure quelques-uns des principaux produits de cette classe; il était bien difficile de ne pas parler des fourrures en s'occupant du costume russe, dont elles constituent souvent le plus précieux ornement. C'est surtout de la Sibérie que viennent les pelleteries les plus remarquables; on exporte par an jusqu'à 45,000 peaux de martres; or une fourrure de martre vaut en moyenne 10 roubles; on en emploie parfois jusqu'à 80 peaux pour fabriquer une pelisse qui atteint une valeur de 15,000 à 20,000 francs. Ces pelisses sont de véritables meubles qu'on se transmet par héritage.

L'hermine est tombée en médiocre estime et ne se vend que quelques kopeks sur les marchés de Sibérie. En revanche, le renard tend à monter de plus en plus; une peau de renard rouge vaut de 20 à 60 roubles; une peau de renard noir peut atteindre jusqu'à 300 roubles. La loutre de mer, qui devient de plus en plus rare, vaut 100 roubles et même plus. Toute une population industrieuse gagne sa vie à cette chasse, qui réclame une extrême habileté, les bêtes devant être frappées à la tête, pour que le poil ne soit pas endommagé. On comprend que les exposants qui ont à montrer de telles richesses ne les aient pas renfermées uniquement dans une annexe où peu de personnes iraient les chercher : ils les ont exposées dans des vitrines élégantes, où s'étalent les vêtements somptueux qui retiennent longtemps l'admiration des visiteurs et surtout des visiteuses.

Parmi les objets intéressants qui appartiennent à cette classe, signalons deux vitrines fort instructives : l'une renferme les spécimens empaillés de toutes les espèces de gibiers à plumes de la Russie; certaines espèces jadis inconnues chez nous (gélinotte, coq de bruyère) commencent, grâce aux chemins de fer, à arriver sur nos marchés à l'époque des grands froids. Une autre vitrine renferme la reproduction de tous les fruits et baies sauvages (airelles) utilisés en Russie pour l'alimentation. La nature, qui refuse aux pays du Nord les grands arbres fruitiers, le poirier, le pommier, etc., a multiplié dans les bois et dans les buissons ces baies que nous dédaignons et qui constituent des compotes ou des sirops excellents. Elles permettent de suppléer en partie aux fruits du Midi, que la Russie septentrionale reçoit d'ailleurs d'Astrakhan par la grande voie du Volga.

Bien que la pêche soit une des grandes industries de la Russie, les engins exposés sont fort peu nombreux ; la Finlande seul a envoyé quelques engins. Quant aux produits de la pêche, nous les retrouverons plus loin, dans le groupe des produits alimentaires.

Classe XLVI.

Produits agricoles non alimentaires.

Parmi ces produits, l'un des plus estimés à l'étranger est certainement le tabac ; en Russie, la fabrication du tabac n'est pas un monopole de l'État : on le consomme surtout sous forme de cigarettes, qui sont fort recherchées et s'exportent en grande quantité. En revanche, la consommation des cigares est fort restreinte et leur qualité assez médiocre. Ils ne se débitent pas, comme chez nous, au détail, mais par boîtes de 6 ou 12. Ces boîtes, reproduites en métaux précieux par les grands orfévres de Moscou, se retrouvent dans la section de l'orfévrerie. La qualité du tabac russe rappelle celle du tabac de Turquie : il est en général blond, aromatique et dépourvu d'âcreté. La cigarette est toujours emmanchée sur un manchon en carton.

La fabrication des cigarettes et des diverses espèces de tabac constitue une industrie considérable. Presque tout le monde fume la cigarette en Russie, et beaucoup de femmes ne s'en privent pas. Le temps est loin où le clergé interdisait l'usage du tabac en se fondant sur cette parole de l'Évangile : « Ce n'est pas ce qui entre dans la bouche qui souille l'homme, mais bien ce qui en sort. » C'est ainsi que les anciens Russes gardaient la barbe parce que « l'homme a été créé à l'image de Dieu » et que Dieu dans les tableaux d'église est représenté avec de la barbe. Parmi les principaux exposants de cette branche d'industrie, citons seulement les maisons : Asmolov et Cie, à Rostov-sur-le-Don (fabrication annuelle 2 millions de roubles ; 1,000 ouvriers); Bogdanov et Cie, à Saint-Pétersbourg (production annuelle 1,700,000 roubles ; 1,300 ouvriers); Patkanov, à Saint-Pétersbourg (production annuelle 300,000 roubles; 275 ouvriers); Polakiewicz, à Varsovie (production annuelle 1 million de roubles ; 1,000 ouvriers), etc.

Les matières textiles, toisons, laines, lin et chanvre, sont plus utiles que le tabac, mais moins recherchées pour l'exportation. La Russie a peu à peu acclimaté les différentes espèces de mérinos ; c'est dans les gouvernements méridionaux que l'élève du bétail a naturellement le mieux prospéré. Ainsi la maison

Ephrussi, d'Odessa, livre annuellement 20,000 quintaux de laine, évalués à 70,000 roubles ; la maison Faltz-Fein, à Kakhovka (Tauride), a fondé en 1878 une bergerie qui compte 250,000 brebis et fournit annuellement de 7 à 8,000 quintaux de laine. Un autre exposant M. Vassal, notre compatriote, se glorifie d'avoir introduit en Tauride les meilleurs mérinos de France et d'Espagne. La culture du lin et du chanvre est florissante dans toutes les parties cultivées de la Russie ; mais le nom des exposants n'apprendrait rien au lecteur, et nous ne pouvons que le renvoyer aux indications générales qui ont été données dans la partie géographique de cet ouvrage.

Classe XLVII.

Produits chimiques et pharmaceutiques.

Voici encore une classe peu intéressante au point de vue pittoresque et dans laquelle il est bien difficile d'étudier le génie particulier de la Russie. Le catalogue spécial de la section russe fournit sur un certain nombre d'établissements des renseignements statistiques qui ont une sérieuse importance. Pendant longtemps, la Russie a été au point de vue industriel tributaire de l'étranger. Il est intéressant de voir avec quelle énergie elle a travaillé pour se mettre en mesure de se suffire à elle-même. Sans doute un certain nombre d'étrangers jouent encore un rôle fort actif dans l'exploitation des grandes usines russes; mais la main-d'œuvre est à peu près entièrement aux mains des indigènes.

Voici des renseignements sur quelques-uns des principaux établissements :

La fabrique de produits chimiques de Schlippe, à Plessenskoe (près de Moscou), a une production moyenne de 210,000 roubles et occupe suivant les saisons 140 à 200 ouvriers.

La manufacture russo américaine de caoutchouc à Saint-Pétersbourg, fondée en 1866, a une production moyenne de 4,000,000 de roubles et occupe une moyenne de 1,500 ouvriers des deux sexes.

A Kazan, à l'extrémité orientale de la Russie, la compagnie Krestovnikov a fondé en 1855 une fabrique de bougies, de savons et de produits chimiques qui produit annuellement : 36,000 quintaux de bougies stéariques, 8,000 quintaux de bougies en margarine, 46,000 quintaux de savon, 4,600 quintaux de glycérine, 3,300 quintaux d'oléine et 8,000 quintaux d'acide sulfurique, pour une valeur totale de 3,500,000 roubles. Cette fabrique possède 11 chaudières de la force de 420 chevaux, 6 machines à vapeur de la force de 120 chevaux; elle occupe jusqu'à 1,000 ouvriers.

Plus loin encore qu'à Kazan, dans le gouvernement de Tobolsk, à Yalotourousk, l'usine Kolmakov fournit une production annuelle de 16,500 quintaux de graisse fondue et 5,000 quintaux de savon, pour la somme totale de 570,000 roubles ; dans le gouvernement de Viatka, à Yeloboug, une fabrique de produits chimiques produit annuellement pour 824,000 roubles et occupe 800 ouvriers.

Nous nous contentons de citer ces noms et ces chiffres, qui parlent assez d'eux-mêmes.

Classe XLIX.

Cuirs et peaux.

C'est là une des industries les plus florissantes de la Russie : le cuir y est abondant et à bon marché, toutes les fois qu'il n'est pas nécessaire de lui donner une façon trop élégante. Ainsi que nous le disions plus haut, c'est en Autriche que se fabriquent les articles fins en cuir dit de Russie. Certaines tanneries russes ont d'ailleurs une importance considérable. Ainsi la tannerie Kourikov, de Saint-Pétersbourg, fondée en 1866, fournit annuellement des objets d'équipement militaire pour une valeur de 4,200,000 roubles et occupe 2,500 ouvriers. La tannerie Savine, à Ostachkov (gouvernement de Tver), date de l'année 1720 ; elle fournit annuellement 250,000 peaux pour une valeur de 2,000,000 de roubles et occupe 1,000 ouvriers.

GROUPE VI

OUTILLAGE ET PROCÉDÉS DES INDUSTRIES MÉCANIQUES.

Classe L.

Matériel et procédés de l'exploitation des mines et de la métallurgie.

L'administration des mines du gouvernement d'Olonets a envoyé le plan d'un haut fourneau : c'est le seul objet exposé dans cette classe. Il est regrettable que la Russie n'ait pas donné une meilleure idée de ses richesses. Le catalogue officiel de la section russe nous fournit sur les mines de M. Demidov (dont il a été question plus haut) quelques détails curieux et qui trouveront heureusement leur place ici.

Nature, situation et époque de la fondation des établissements.

Les usines de Nijnétaguilsk, ci-dessous énumérées, font partie du district de Verkhotourié, dans le gouvernement de Perm; elles sont situées entre 57° 24' et 58° 30' de latitude nord et 77° 5' et 78° 20' de longitude orientale, sur les versants est et ouest de la chaîne des monts Oural, où elles occupent une étendue de 638,374 déciatines (697,312 hectares), dont 547,000 déciatines (597,595 hectares) de forêts.

Nijnétaguilsk (fondée en 1725); Vuïa (1721); Laïa (1726); Nijné-Saldinsk (1760); Verkné-Saldinsk (1782); Tcherno-Istotchinsk (1729); Vicimo-Chaïtansk (1741); Vicimo-Outkinsk (1771). Outre les forges sus-nommées, Nijnétaguilsk possède les fabriques détachées pour le laminage du fer et du cuivre: Avrorinskoï (fondée en 1850), Antonovskoï (1853) et Isinkoï (1873).

La fabrication de ces différentes usines comprend: 1° l'extraction de l'or et du platine; 2° l'extraction du minerai de cuivre; 3° la fonte du minerai et l'élaboration du cuivre; 4° le laminage du cuivre en feuilles; 5° l'extraction des minerais de fer; 6° la fonte de ces minerais et l'élaboration de la fonte; 7° la transformation de la fonte en fer brut dans des fours Simens-Martin et dans des fours à puddler; 8° la transformation du fer brut en fer en barres et en fer assorti, ainsi qu'en tôle pour toiture, pour chaudières et en rails; 9° la préparation de l'acier cémenté en barres et de l'acier assorti pour ressorts; 10° la confection du matériel des chemins de fer; 11° la construction et la réparation de machines et chaudières à vapeur employées dans les usines.

Quantité et valeur de la production annuelle.

La masse du combustible ligneux que peut fournir annuellement la propriété de Nijnétaguilsk, sans appauvrir les forêts, permet de fabriquer par an :

Cuivre.	1,147 tonnes	=	70,000 pouds.
Fer et acier.	27,846 —	=	1,700,000 —

Ces métaux peuvent être répartis de la manière suivante :

Cuivre en saumons.	982,800 kil.	=	10,000 Pouds
Cuivre en feuilles.	163,800	=	60,000 —
Fer en barres.	409,000	=	25,000 —
Fer assorti.	7,371,000	=	450,000 —
Rails.	11,466,000	=	700,000 —
Tôle pour toiture.	4,095,000	=	250,000 —
Tôle forte pour chaudières.	982,800	=	60,000 —
Tôle mince pour chaudières.	1,146,600	=	70,000 —
Tôle pour blindage.	163,800	=	10,000 —
Tôle pour pelles et rognures.	1,638,000	=	100,000 —
Acier cémenté en barres.	491,400	=	30,000 —
Acier assorti pour ressorts.	81,900	=	5,000 —

De plus, on obtient environ 70 pouds de platine; l'exploitation de l'or, pendant ces derniers temps, a été insignifiante et ne dépasse pas 3 pouds (49 kilos) par an.

Les frais de l'exploitation et de la fabrication des produits s'élèvent à 4 millions de roubles environ.

Matériel et moyens de la fabrication.

10 hauts fourneaux; 11 cubilots; 14 fours à puddler; 7 fours à cémenter; 16 demi-hauts fourneaux pour cuivre; 64 fours à flamme pour l'affinage du cuivre; 2 converteurs Bessemer à 5 tonnes chacun; 31 feux d'affinerie et 164 feux de forge.

15 souffleries hydrauliques et 6 à vapeur; 4 ventilateurs; 6 laminoirs hydrauliques et à vapeur pour fers marchands; 15 trains de laminoirs; 6 monte-charges; 6 pompes d'épuisement; 2 scies à bois avec fendeurs; 17 cisailles; 5 scies circulaires; 1 presse à poinçonner les rails; 2 concasseurs pour minerais; 1 pompe foulante pour fonderie Bessemer; 2 grues élévateurs pour fonderie Bessemer; 1 grue centrale pour fonderie Bessemer; élévateurs pour fonderie Bessemer; accumulateurs pour fonderie Bessemer 7 marteaux cingleurs hydrauliques et 7 à vapeur; 22 marteaux de forge; 9 marteaux à lustrer les tôles et 9 à étendre les plaques; 3 marteaux-pilon et 10 marteaux à queue; 116 machines-outils à travailler les métaux.

Tous les engins mécaniques employés pour le travail des forges sont mis en mouvement : par 78 roues de la force totale de 2,179 ch.; par 21 turbines de la force totale de 1,192 ch., et par la vapeur fournie par 40 chaudières. En tout, 139 moteurs, représentant la force de 5,422 chevaux.

Les chaudières à vapeur sont chauffées, en grande

partie, par la flamme perdue provenant des fours; en outre, pour une certaine quantité d'entre elles, on emploie le gaz dégagé par les hauts fourneaux. Quelques-unes des machines à vapeur ne fonctionnent que lorsque le niveau des étangs est trop bas. Quand le niveau de l'eau est suffisamment élevé, elles sont remplacées par les machines hydrauliques.

Le nombre des ouvriers employés dans les forges s'élève en moyenne à 12,000. Ces ouvriers habitent, pour la plupart, des villages répartis dans la propriété.

L'importance de la fabrication est limitée par la quantité de matière combustible obtenue dans la propriété.

On prépare annuellement 200,000 mesures de charbon de bois cubant 1 archine (0,36) et environ 60,000 sagènes cubes de bois cordé (582,729 stères).

Les minerais de cuivre, de fer et de manganèse sont exploités dans la propriété même.

Il a été découvert : 29 gisements de cuivre, 26 de fer et 1 de manganèse, mais l'exploitation n'a lieu que dans quelques-uns, par exemple dans la mine de Roudiansk, pour le cuivre, et dans celle de Vysokogorskoï, pour le fer. Ces mines sont situées près de la forge principale de Nijnétaguilsk.

La mine de Roudiansk a été exploitée pour la première fois en 1814; depuis cette époque, on a obtenu : 157,280,000 pouds (2,578,360 tonnes) de minerai. Dans ces derniers temps, la quantité de minerai extrait atteint 2 à 3 millions de pouds (34,426 à 49,180 tonnes) par année.

La mine de fer de Vysokogorskoï est travaillée depuis la fondation des forges. Cette mine alimente de minerai de fer les usines de Nijnétaguilsk, Verkhisetsk, Alapaeff, Néviansk, Souksoune et Revdinsk.

Dans ces derniers temps, la masse du minerai de fer employé par toutes les usines de Nijnétaguilsk a atteint le chiffre de 3 à 4 millions de pouds par an (49,180 à 65,574 tonnes).

Dans d'autres localités où se trouve du minerai de fer, notamment à Néloba et à Chilovka, on extrait du fer hydroxydé indispensable pour le coulage de certaines pièces de fonte.

Les matériaux nécessaires pour les forges, comme l'argile, le sable, la chaux, le quartz, etc., se trouvent dans la propriété; cependant une partie de l'argile réfractaire blanche, de meilleure qualité, est fournie de deux districts voisins, ceux de Houngoure et de Krasnooufimsk.

Classe LI.

Matériel et procédés des exploitations rurales et forestières.

Dans cette branche d'industrie comme dans beaucoup d'autres, la Russie commence à lutter victorieusement contre la concurrence étrangère : d'après des renseignements que nous avons lieu de croire exacts, en 1876 la Russie avait fabriqué pour 4 millions et demi de roubles de machines agricoles et n'en aurait importé que pour un million et demi. Parmi les fabriques les plus considérables d'instruments agricoles, il faut citer en première ligne la maison Lilpop, Rau et Lœwenstein, de Varsovie : fondée en 1878, cette maison produit annuellement pour trois ou quatre millions de roubles. Elle dispose de 30 moteurs à vapeur, représentant une force d'environ 600 chevaux, et n'occupe pas moins de 3,000 ouvriers. La maison Westberg, de Kharkov, produit annuellement pour 100,000 roubles et occupe 105 ouvriers. Les instruments agricoles exposés dans cette classe viennent en général de la Pologne et du sud-est de la Russie. Ils sont en assez petit nombre : la Russie ne saurait prétendre exporter en Occident des produits qui sont loin encore aujourd'hui de suffire à sa consommation.

Classe LII.

Matériel et procédés des usines agricoles et des industries alimentaires.

Nous retrouvons ici la maison Rau et Lœwenstein, qui peut être regardée comme la plus considérable de la Russie dans cette branche d'industrie : Odessa et Varsovie ont seules exposé dans cette classe.

Classe LIII.

*Matériel des arts chimiques, de la pharmacie
et de la tannerie.*

N'est pas représentée.

Classe LIV.

Machines et appareils de la mécanique générale.

Ce qui attire surtout l'attention dans cette classe, c'est l'exposition de l'Ecole impériale technique de Moscou. Cette École, qui figure également dans la classe 8 (organisation, méthodes et matériel de l'enseignement supérieur), est l'un des établissements les plus importants de l'empire. Elle a aujourd'hui pour directeur un technologiste fort distingué, M. Della Vos. Fondée en 1830, sous le nom d'Ecole des arts et métiers, elle a été réorganisée en 1868 et élevée au rang des établissements d'enseignement supérieur. Les cours comprennent six années d'études ; l'enseignement pratique des élèves comprend : le dessin linéaire, le dessin à main levée, l'art du tourneur sur bois, celui du menuisier modeleur, de l'ajusteur, du serrurier, du forgeron et du fondeur. L'Ecole possède, outre les ateliers d'apprentissage, une usine pour la grande construction avec ateliers de montage, ajustage, tournage, des forges et des fonderies de cuivre et de fonte de fer; cette usine, qui n'a pas été créée dans un but de commerce, reçoit des commandes qui s'élèvent annuellement à une somme de 150 à 200,000 francs. Placée sous le patronage des plus hauts personnages de l'Etat, elle compte actuellement 46 professeurs, 26 fonctionnaires, 184 surveillants ou ouvriers et 582 élèves. Les dépenses de l'année 1877 ont été de 713,932 francs.

L'Ecole présente à l'Exposition les collections pédagogiques qu'elle a créées pour l'enseignement des arts techniques qui ont pour objet la construction des machines. Le directeur, M. Della Vos a publié, à l'occasion de l'Exposition, une brochure détaillée que les spécialistes consulteront avec intérêt (*notice sur l'Ecole impériale technique de Moscou*, Paris, imprimerie Goupy, 1878). Ajoutons seulement que les ateliers de l'Ecole impériale technique possèdent deux fonderies, une forge, trois machines à vapeur de la force de 41 chevaux. M. Della Vos expose ainsi qu'il suit la méthode suivie à l'École technique.

« L'Ecole impériale technique de Moscou qui est la première qui ait tenté d'admettre un cours scientifique et méthodique du travail manuel, avait exposé sa méthode d'enseignement des arts mécaniques, en 1870, à l'Exposition industrielle de Saint-Pétersbourg; depuis cette époque, elle a été adoptée par la plupart des écoles en Russie.

Actuellement, nous présentons à l'Exposition universelle de Paris les collections pédagogiques que nous ayons créées pour l'enseignement des arts techniques spéciaux à la construction des machines en général.

Ces collections pédagogiques destinées à l'enseignement d'un art mécanique quelconque (nous prendrons pour exemple celui de l'ajusteur) se rangent dans trois catégories :

La première comprend la collection des outils en usage pour le travail de l'ajustage, qu'un élève doit connaître avant de commencer à travailler, et dont l'emploi lui devient familier lorsqu'il se met à l'œuvre.

Cette catégorie renferme tous les outils indispensables à l'ajusteur, classés dans un but démonstratif; savoir : la collection des instruments les plus en usage servant à mesurer les dimensions (grandeur naturelle) ; la collection des outils pour percer les métaux (grandeur naturelle), la collection des outils destinés à façonner le travail successif des ouvrages, à partir de celui de la forge jusqu'à celui de l'ajustage ; des modèles de limes pour l'étude démonstrative du plan d'incision (vingt-quatre fois plus grands que nature) ; une collection de modèles de tarauds et de filières pour la fabrication des écrous et des vis, disposés pour la démonstration des angles tranchants (six fois plus grands que nature) ; une collection de forets et de tarières pour l'étude de la direction des angles coupants (six fois plus grands que nature) ; enfin, une collection d'instruments et d'appareils servant à l'enseignement de l'art de tracer les pièces brutes pour les préparer à être travaillées. Nous croyons devoir attirer l'attention des personnes compétentes sur les dispositions ingénieuses de cette collection, qui a été créée par notre ingénieur M. Savetkine, maître instructeur des travaux mécaniques.

La seconde catégorie comprend : une collection de modèles gradués destinés à l'étude systématique et suivie de l'ajustage dont elle est en quelque sorte la gamme du travail, et avec laquelle le commençant s'habitue progressivement à vaincre les difficultés d'exécution.

Il suffit de la simple inspection de cette collection pour se convaincre qu'un élève qui procède méthodiquement à la confection successive de chaque pièce qui la compose, s'il est de plus renseigné par un maître expert, arrivera facilement à se familiariser avec la science et les difficultés de cet art.

Dans les classes d'apprentissage, tous les élèves ne sont pas tenus d'exécuter chaque numéro du programme, mais la distribution du travail leur permet néanmoins d'en connaître toutes les parties. Ainsi, pendant qu'un élève fait un numéro, ses voisins de droite et de gauche exécutent, l'un le numéro précédent, l'autre le numéro suivant, en sorte qu'il voit faire ce qu'il ne fait pas lui-même ; de plus, il est tenu d'assister aux explications qui leur sont données par le maître, pour, à son tour, répondre plus tard aux questions qui lui seront posées à ce sujet.

Nous ferons remarquer que ce mode d'enseignement s'applique seulement aux élèves ingénieurs et constructeurs, tandis que les élèves praticiens doivent chacun exécuter tous les numéros du programme sans exception.

Ce système d'enseignement méthodique gradué a encore l'avantage de permettre au maître instructeur de pouvoir contrôler le travail de chaque élève de même que leur degré d'avancement pour passer au numéro suivant du programme, et cela sans embarras, malgré la présence d'un grand nombre d'élèves dans l'atelier d'apprentissage, d'où ils sortiront complétement familiarisés avec les travaux de modelage, du tour, de la lime, de la forge, et sans être spécialisés, comme cela arrive malheureusement dans la généralité des usines.

Enfin, la troisième catégorie renferme une collection d'éléments de machines diverses dont l'exécution réunit tout le travail progressif de l'ouvrier mécanicien, déjà acquis par les études des cours précédents.

En dehors du matériel d'enseignement méthodique, dans les ateliers d'apprentissage, l'Ecole présente à l'Exposition :

1° Plusieurs machines et appareils nouveaux inventés par des membres de la corporation de l'Ecole ;

2° Travaux des élèves dans les ateliers de construction ;

3° Machines motrices et machines-outils exécutées

également dans les ateliers de construction de l'École. »

A côté de l'École technique de Moscou se place l'Institut technologique de Saint-Pétersbourg. Cet Institut, déjà représenté dans la classe 8 par des collections de modèles, expose ici des machines exécutées dans ses ateliers. Ils possèdent une machine à vapeur de la force de 20 chevaux, 2 cubilots, 10 feux de forge, 32 tours et 33 machines-outils pour le travail des métaux.

Après ces grands établissements, les principaux exposants sont la maison Bellino-Fendrich, d'Odessa (700,000 roubles de production par an; 400 ouvriers); la maison Lest, de Moscou (200 ouvriers); la maison Scholz, Rephan et Cie, de Varsovie (production annuelle 500,000 roubles; 460 ouvriers).

Classes LV-LVIII.

Machines-outils. Matériel et procédés du filage et de la corderie. Matériels et procédés du tissage.

Ces quatre classes sont très-faiblement représentées, et les objets exposés n'offrent rien de remarquable. Deux fabricants de Pétersbourg et de Varsovie ont envoyé des machines à coudre qui ne sauraient prétendre supplanter celles que fournissent l'Allemagne, la France ou l'Amérique.

Classe LX.

Matériel et procédés de la papeterie, des teintures et des impressions.

Le seul objet remarquable de cette classe est la machine à imprimer (machine typolithographique) de M. Alisov, de Saint-Pétersbourg. M. Alisov s'occupe depuis plusieurs années à rechercher un mécanisme qui permette de supprimer le travail de l'écriture. Il essaya d'abord d'un appareil à clavier qui ne réussit pas : il l'a remplacé depuis par un appareil à cylindre pourvu d'une manivelle et qui, dans ses mains, fonctionne admirablement. L'épreuve obtenue est reportée sur pierre et peut être multipliée à quelques centaines d'exemplaires. L'appareil inventé par M. Alisov a été construit par un mécanicien français, M. Hardy.

M. Alisov est également l'inventeur d'un nouveau procédé pour l'impression de la musique qui supprime à la fois la gravure sur cuivre et la composition) en caractères mobiles. Il l'explique lui-même dans les termes suivants :

« On devra d'abord se procurer des portées, des notes et les différents signes employés en musique, le tout imprimé d'avance sur papier fort mince et sans collage (comme, par exemple, le papier à cigarettes). Ces signes seront disposés dans des cases, comme on le fait pour les caractères typographiques ordinaires. Ceci étant donné, il suffira, pour faire la composition, de coller d'abord les portées, puis les notes et les signes, sur une feuille de verre, en se réglant sur le manuscrit à imprimer. Ces différents caractères sont fixés sur le verre à l'aide d'une colle liquide qui a la propriété de rendre le papier transparent. Sur la face opposée de la feuille de verre, qui est garnie d'un cadre, on applique, pour se guider, en collant les signes et les notes, un transparent sur lequel on a tracé préalablement des lignes verticales et horizontales, très-rapprochées les unes des autres.

A l'aide de ce transparent, il est extrêmement facile d'espacer convenablement les mesures et de disposer avec une parfaite régularité les notes et les signes musicaux sur les portées. En outre, les signes employés étant trois ou quatre fois plus gros que les signes ordinaires, il est bien plus facile de les manipuler. Lorsqu'une page de composition est terminée, on enlève le transparent, et, par la photographie, on prend (en faisant passer les rayons lumineux à travers la composition), un négatif de cette page en la réduisant à la dimension voulue.

D'après ce négatif, il est aisé de reporter la composition sur pierre lithographique et d'imprimer, suivant le procédé photolithographique ordinaire, le nombre d'exemplaires dont on a besoin.

Si l'on désirait obtenir des clichés typographiques, on reporterait la composition sur des planches de zinc, qu'il suffirait de préparer ensuite par l'héliogravure. »

Voici, d'après M. Alisov, quels sont les avantages de cette invention, déjà récompensée à l'Exposition de Philadelphie :

1° Le travail de composition pour la musique est simplifié de telle sorte qu'il est parfaitement inutile d'avoir recours à des compositeurs et à des graveurs spéciaux ; il suffit qu'on ait vu faire la chose une seule fois pour que chacun, voire même un enfant, soit capable d'en faire autant. On peut même dire que le travail de composition, à l'aide de ce procédé, devient plutôt un ouvrage de femme que d'homme.

2° N'importe quelle correction, dans le courant de la composition, se fait avec une facilité et une rapidité remarquables. En effet, comme pour corriger une erreur quelconque il suffit de la faire disparaître en décollant, il est impossible qu'on ait jamais une page entière de composition à refaire.

3° Avec la même composition, on peut obtenir des clichés de n'importe quelle grandeur.

4° Une page de musique, imprimée suivant ce procédé, loin de laisser à désirer, est même plus parfaite que si elle eût été imprimée par le procédé ordinaire.

5° Lorsqu'il s'agit d'organiser un atelier pour l'impression, d'après mon procédé, on évitera la dépense occasionnée d'abord par l'achat des signes et des caractères en métal pour la typographie, et ensuite par celui de l'outillage et des pinçons pour la gravure en taille-douce.

Classe LXI.

Machines, instruments et procédés usités dans divers travaux.

N'est pas représentée.

Classe LXII

Carrosserie et charronnage.

Les voitures populaires de la Russie (teloga, tarantas, guitares, etc.) offrent des types inconnus chez nous. Ils ne figurent pas à l'Exposition. Les carrosses, phaétons ou cabriolets qu'on y a envoyés, ne diffèrent nullement des types que nous sommes habitués à rencontrer dans nos villes. Seuls les traîneaux méritent d'attirer l'attention. Ils sont fort élégants et d'une extrême simplicité. Presque toutes les voitures exposées viennent des trois capitales : Pétersbourg, Moscou et Varsovie.

Dans les voitures russes à un cheval, le système d'attelage n'est pas identique au nôtre : les deux brancards sont reliés ensemble par un arc élevé (douga) auquel la tête du cheval est rattachée. L'usage des voitures publiques (drochki) est beaucoup plus répandu que chez nous dans les grandes villes russes, où les distances sont considérables et les omnibus fort rares. Les drochkis, avec leurs chevaux alertes, bien supérieurs aux nôtres, avec leurs cochers barbus à long cafetan, constituent pour le voyageur un des côtés piquants de la vie russe; l'Exposition n'en saurait donner aucune idée.

Classe LXIII

Bourrelerie et sellerie.

Les articles de cette classe sont également fabriqués dans les trois capitales; ils n'offrent aucun détail qui mérite une attention particulière.

Classe LXIV

Matériel des chemins de fer.

Il est regrettable que la Russie n'ait pas pu exposer dans cette classe l'un de ces magnifiques wagons qui assurent au voyageur un bien-être et un confort absolument inconnus dans notre pays. Les chemins de fer russes sont de beaucoup supérieurs aux nôtres, et nous aurions plus d'une amélioration à leur emprunter. Parmi les trop rares objets qui figurent dans cette classe, signalons avant tout l'appareil contrôleur de M. Graftio, de Moscou. Cet appareil est à la marche des trains ce que le podomètre est à la marche de l'homme.

Il enregistre mécaniquement le mouvement et les arrêts des wagons. L'inventeur l'appelle kino-pausigrapho. Un autre appareil pour le contrôle périodique de l'état de la voie ferrée est également dû à M. Graftio (odotachymètre). La maison Lilpop, Rau et Lœwenstein, de Varsovie, que nous avons déjà rencontrée dans d'autres classes, expose des accessoires de wagon de chemin de fer. L'un des grands constructeurs russes, M. Poliakov, a envoyé les vues photographiques, plans et projets des chemins de fer militaires de Bender Galatz et de Fratechti-Zimnitsa, qu'il a construits en l'espace de trois mois et qui ont dans la dernière guerre rendu d'importants services à l'armée russe. Signalons encore un appareil pour éviter les vacillations latérales des locomotives (par Sakhnovski et Terris, de Moscou).

Classe LXV

Matériel et procédés de télégraphie.

Deux fabricants seulement ont exposé des appareils télégraphiques (Diétrichson, de Saint-Pétersbourg, et Petsch, de Varsovie : cette dernière maison occupe 56 ouvriers et fournit annuellement pour 62,000 roubles d'appareils). Dans les annexes, M. le baron Th. Herwarth, colonel du génie, expose quatre poteaux télégraphiques, garantis contre les influences de l'atmosphère et de l'humidité « au moyen d'un procédé antiseptique perfectionné par l'exposant ». Le procédé, décrit par l'auteur dans une brochure particulière, consiste à perforer les poteaux et à y introduire du sel et du sulfate de cuivre. En 1872, l'auteur a été autorisé à faire des expériences sur la ligne de Moscou à Saint-Pétersbourg. 572 poteaux furent imbibés de sel, suivant sa méthode. En 1878, ils étaient encore intacts : les autres avaient déjà dû être remplacés. La brochure de M. Herwarth est accompagnée de planches qui permettent d'étudier son procédé dans tous ses détails.

Classe LXVI

Matériel et procédés du génie civil.

Le Catalogue fait rentrer dans cette classe les constructions typiques de la section russe. Nous en avons déjà entretenu nos lecteurs.

Signalons, parmi les principaux exposants, la maison Ciechanowski, à Grodziec (gouvern. de Piotrkov, Pologne) : ciment naturel et calciné, prismes faits de ciment pur et de ciment mélangé avec du sable; fontaine en ciment. Cette fabrique a été fondée en 1857; elle livre annuellement à la consommation 56,000 quintaux, représentant une valeur de 200,000 roubles; elle occupe 150 ouvriers.

La Société pour l'exploitation des carrières de marbre de Kielce (Pologne) présente des échantillons des produits que lui fournit un contrefort des Carpathes. L'exploitation de ces carrières remonte au XIVe siècle.

Un prince Galitzine (la famille est nombreuse)

envoie du gouvernement de Vladimir des échantillons de plâtre et d'albâtre brut ; la maison Schmidt, de Riga, qui occupe 400 ouvriers, envoie des échantillons de ciment de Portland. Le plus lointain de ces produits est l'asphalte russe qui vient de Syzrane (gouvernement de Simbirsk). C'est avec cet asphalte qu'est pavée l'entrée de la façade typique de la section russe.

Classe LXVII.

Matériel de la navigation et du sauvetage.

On a vu plus haut (dans la géographie), quelles sont les forces maritimes de la Russie. La Finlande, qui lui donne la plus grande partie de sa marine marchande, n'en a envoyé qu'un très-petit nombre de spécimens. Le chantier d'Abo, qui occupe 200 ouvriers, est représenté par des modèles de vaisseaux, des câbles, des cordes et des poulies. La maison Chrichton, de la même ville, envoie des modèles de bateaux à vapeur. La seule embarcation qui figure ici en grandeur naturelle est un bateau de sauvetage pour lacs et rivières construit par MM. Khakhlov et Boïarsky. Nous regrettons de ne pas trouver les modèles des diverses embarcations qui parcourent les fleuves russes, des splendides steamers à deux et trois étages, des lourdes *barges*, des légères *tichvinki*.

Classe LXVIII.

Matériel et procédés de l'art militaire.

Le matériel militaire de la Russie est encore aujourd'hui absorbé tout entier par l'expédition des Balkans. Parmi les rares spécimens exposés dans cette classe, signalons seulement le chariot-cuisine de M. Lichine, de Saint-Pétersbourg. Cette voiture à deux roues comprend : 1° une chaudière à vapeur en cuivre étamé, hermétiquement fermée qui peut faire cuire 250 rations ; 2° une autre chaudière (samovar), contenant 200 litres d'eau, qui peut être mise en ébullition en 36 minutes, et un foyer qui fonctionne librement pendant que le chariot est en marche. Trois ou quatre heures suffisent pour préparer un repas de 250 à 280 hommes.

GROUPE VII

PRODUITS ALIMENTAIRES

Classe LXIX.

Céréales, produits farineux avec leurs dérivés.

La renommée des blés de Russie est établie depuis longtemps ; la France et la plupart des États européens en importent chaque année une quantité plus ou moins considérable : on estime notamment deux espèces : la *girka*, qui se sème à volonté au printemps ou à l'automne, et l'*arnautka*, qui se sème au printemps ; on l'appelle encore *biélotourka*. Ces blés fournissent une farine savoureuse qui donne un pain exquis ; les boulangers russes sont fort habiles à la travailler ; certaines espèces de *boulki* (pains fins), si elles étaient connues chez nous, détrôneraient aisément la réputation usurpée des pains viennois.

Nous faisons une consommation considérable des céréales russes ; elles constituent environ 72 0/0 de notre importation totale en céréales. Le commerce d'exportation de la Russie se fait surtout par la mer Noire et la mer d'Azov, par la frontière continentale et par la mer Baltique. Les gouvernements russes où la culture du blé est la plus répandue sont ceux d'Astrakhan, de Bessarabie, de Tauride, de Kherson, d'Orenbourg, de Samara, de Podolie, de Kharkov, de Voronéje, de Saratov, de Kiev, de Volhynie, de Poltava, et, dans le royaume de Pologne, ceux de Kielce, de Plock et de Lublin. Les gouvernements où la culture du seigle est la plus répandue sont ceux de Grodno, Tchernigov, Tambov, Mirsk, Esthonie, Oufa, Penza, Nijni Novgorod, Kazan, Vilna, Mogilev, Moscou, Viatka, Kalouga Koursk, Riazan, Souvalki, Kalisz.

La liste détaillée des exposants et des produits (froment, seigle, avoine, orge, pois, farines, gruaux, sons, macaronis, levains, etc.) n'offrirait ici aucun intérêt : nous ne pouvons que renvoyer le lecteur au Catalogue officiel, ou mieux au Catalogue de la section russe, qui fournit quelques détails sur les meuneries les plus importantes de l'empire.

Classe LXX.

Produits de la boulangerie et de la pâtisserie.

Cette classe n'aurait été réellement représentée à l'Exposition que si une boulangerie y avait fonctionné et si le public avait pu se faire par lui-même une idée de l'exquise qualité du pain russe. A côté des pains blancs les plus délicats, le Russe place volontiers sur sa table un pain noir à croûte dure d'un goût légèrement aigrelet. En commençant ses repas, il mange une ou deux bouchées de ce pain, saupoudrées de sel (de là sans doute l'expression populaire : Offrir le pain et le sel, c'est-à-dire l'hospitalité). Un certain nombre de boulangers de nos quartiers élégants fabriquent et vendent fort cher ce pain grossier, très-recherché des membres de la colonie russe. Les trois ou quatre exposants de cette classe ne peuvent donner qu'une idée absolument imparfaite des richesses alimentaires de leur pays.

Classe LXXI.

Corps gras alimentaires, laitages et œufs.

Bien que la Russie possède d'excellent bétail et de fort bon laitage, elle ne produit aucun fromage particulier. Dans toutes les provinces, on rencontre avec une désespérante monotonie l'éternel gruyère ou fromage suisse, plus ou moins savamment imité. Le seul article d'exportation est le beurre de Finlande : la Finlande en fournit annuellement 500,000 quintaux, dont une partie va en Russie et dont le reste est expédié en Suède, en Allemagne, en Angleterre.

Classe LXXII.

Viandes et poissons.

Voici une classe où la Russie pourrait aisément, si elle était moins loin de nous, déployer l'heureuse fécondité de son sol et de ses rivières. Ses forêts lui fournissent en abondance le gibier le plus exquis ; depuis quelques années, dans la saison des grands froids, les perdrix russes, les gélinottes, les coqs de bruyère, ont fait leur apparition sur le marché de Paris. Les fleuves abondent en poissons magnifiques : sterlets, esturgeons, soudaks, etc. ; quelques-uns, salés ou fumés, constituent des hors-d'œuvre délicats ; les Russes ont l'habitude de faire précéder leur repas par une *zakouska*, c'est-à-dire par un hors-d'œuvre de salaisons accompagné d'un verre de liqueur aromatique. L'Exposition ne donne qu'une bien faible idée de ces ressources gastronomiques. Nous n'y trouvons ni le balyk (dos d'esturgeon fumé), ni le caviar (œufs d'esturgeons conservés dans de petits tonnelets) qui constitue cependant un article sérieux d'exportation. Astrakhan n'a envoyé que du hareng fumé. Cette ville pêche annuellement 7,000,000 de harengs, qui représentent une valeur de 150,000 roubles. Plusieurs maisons de Finlande ont exposé du gibier et du poisson conservé ; le Catalogue ne nous dit pas quel gibier ou quel poisson ; c'est grand dommage ; il y a certains produits russes jusqu'ici presque ignorés chez nous et qui ne demanderaient qu'à être connus pour entrer dans l'alimentation publique.

Classe LXXIII.

Légumes et fruits.

Évidemment, les légumes et les fruits de la Russie ne peuvent, sauf en Crimée ou au Caucase, avoir la prétention de rivaliser avec les nôtres. Parmi les légumes les plus exquis, les champignons des grandes forêts du Nord, les petits concombres (ogourtsy) ne sauraient se faire apprécier, même sous forme de conserves, à 4,000 kilomètres de leur pays. Le champignon notamment joue dans la cuisine russe un rôle considérable ; le concombre frais s'harmonise à merveille avec les viandes rôties ou les poissons salées. Les seuls fruits du Nord sont les baies diverses, fraises, framboises, airelles, et ne redoutent nullement la comparaison avec les nôtres ; les pommes, le raisin viennent d'Astrakhan ou de la Crimée et laissent beaucoup à désirer.

Classe LXXIV.

Condiments et stimulants. Sucres et produits de confiserie.

L'industrie sucrière est une de celles qui ont pris le développement le plus rapide en Russie. Le sol de la Pologne et de la Russie méridionale se prête admirablement à la culture de la betterave. Le développement des chemins de fer a singulièrement contribué à celui des usines. A Varsovie, la sucrerie de M. J. Bloch, établie en 1854, produit 18,000 quintaux de sucre et occupe 760 ouvriers ; la sucrerie Constantia en occupe 500 ; à Tchervonnoe, en Volhynie, la sucrerie Terechtchenko occupe 600 ouvriers et produit pour 800,000 roubles par an. Ces chiffres suffisent à donner une idée de la vitalité de l'industrie sucrière. Les fabriques du royaume de Pologne ont tenu à honneur de figurer largement à l'Exposition ; celles de la Petite Russie sont plus faiblement représentées. La consommation du sucre en Russie est fort considérable, même dans les classes populaires, qui ne sauraient se passer de thé. Mais le paysan a une façon économique de ménager le sucre ; il met un morceau entre ses lèvres et fait simplement passer sur ce morceau le liquide qu'il avale.

Parmi les confiseurs, citons la maison Bormann, de Pétersbourg, et la maison française de Siou, à Moscou. Une autre maison française, celle de M. Landrin, à Saint-Pétersbourg, est également fort estimée.

Parmi les produits inconnus en France et qui auraient certainement obtenu un véritable succès si l'on avait pu les déguster à l'Exposition, il faut citer avant tout les eaux de fruits (fruktovya vody) de Lanine, de Moscou. Très-supérieures à nos limonades, ces eaux de fruits jouissent en Russie d'une légitime réputation.

Classe LXXV.

Boissons fermentées.

L'usage des boissons fermentées est, comme on sait, fort répandu en Russie. La rigueur du climat en fait presque une nécessité. A proprement parler, il n'y a pas de boisson nationale, comme est le vin en France, la bière en Angleterre ou en Allemagne. Le bas peuple boit des eaux fermentées, telles que le *kvas* ou le *kiseli stchi*. Le kvas se fait avec de l'orge ou même simplement des croûtons de pains fermentés dans l'eau; le kiseli stchi est un kvas mis en bouteille et qui mousse. La bourgeoisie boit de la bière, des vins de Crimée ou de France. Le vrai breuvage populaire, c'est le thé : on donne au cocher un pourboire *na tchaï* ou *na vodkou* (*pour le thé* ou *pour l'eau-de-vie*). Quand on engage un domestique, on lui promet tant de gages, tant de sucre et tant de thé par mois, comme on promet en France tant de bouteilles de vin. Les boissons populaires sont essentiellement : le kvas, le thé, l'eau-de-vie de grains, l'hydromel. La bière et le vin sont réservés aux classes riches; la plupart des vins sont censés venir de France dans des bouteilles cachetées et même recouvertes d'un treillis qui protège leur virginité. Cependant les mauvaises langues affirment qu'il y a en Russie plus d'un distillateur habile à fabriquer du vin de France ou d'Espagne au besoin. J'ai entendu raconter dans une ville de la province russe un joli mot de feu le grand duc héritier.

Il se trouvait un jour dans la ville de X..., à l'occasion d'une exposition régionale. Un gros négociant en vins de France vint pour lui présenter ses hommages :

« Eh ! bonjour, Vasili Vasilievitch ; je suis charmé de vous voir, mais fort étonné de n'avoir pas rencontré vos vins à l'Exposition.

— Votre Altesse n'ignore pas que l'Exposition est purement locale. Elle n'y a rencontré que les produits de notre province.

— Et c'est précisément pour cela que vos vins y devraient occuper la place d'honneur ! » reprit le prince en souriant.

Le marchand ne répliqua rien, d'abord parce qu'il est toujours dangereux de répliquer à un prince, ensuite parce que son auguste interlocuteur avait probablement raison.

Quoi qu'il en soit, la Russie commence à cultiver du vin, en Crimée et au Caucase ; grâce au chemin de fer, il est transporté à bon marché et entre graduellement dans la consommation ; le prix minimum est d'environ 1 fr. 50 la bouteille. Le vin du Caucase est très-riche en alcool et emprunte un goût de résine aux outres où on le conserve. Le vin de Crimée est sain, mais légèrement âpre au goût. Les principaux crus de Crimée sont : Ackerman, Yalta, Aloupka, etc.

Dans la langue populaire russe le mot *vino* désigne non-seulement le vin tel que nous l'entendons, mais aussi l'eau-de-vie de grains, la vodka, dont le peuple fait une grande consommation : il en existe de plusieurs qualités ; on estime surtout l'eau-de-vie dite épurée de la maison Popov, de Moscou ; parmi les autres liqueurs spéciales à la Russie, il faut citer encore le kummel de Riga (que les Allemands appellent aussi allasch), les nalivki ou liqueurs douces de Kiev, analogues à notre cassis. La fabrication de la bière a pris en Russie, en Pologne et en Finlande une extension considérable. Sans valoir les bières d'Allemagne elle est généralement de fort bonne qualité.

GROUPES VIII, IX

AGRICULTURE, PISCICULTURE ET HORTICULTURE.

Classes LXXXI-LXXXIV.

Spécimens d'exploitations rurales et d'usines agricoles. Concours d'animaux vivants. Insectes utiles et insectes nuisibles. Poissons, crustacés et mollusques.

Ces différentes classes ne sont représentées que par deux spécimens de ruche; l'exposition des céréales (classe 60) suffit à donner une idée de l'agriculture russe; elle n'a pas besoin d'être savamment conduite, comme dans les pays où le sol est moins fécond et la propriété plus restreinte; la terre noire de la Petite-Russie se suffit pleinement à elle-même.

Classes LXXXV-XC.

Serres et matériel de l'horticulture. Concours d'horticulture.

Un certain nombre de plantes propres à la Russie figurent dans les annexes de la section russe. L'administration forestière de Berdiansk (Tauride) et celle de Veliko Anadole ont envoyé des collections d'essences forestières et de jeunes arbres ; le comte Ouvarov, des graines d'essences forestières. Ce ne sont pas ces maigres spécimens qui pourront donner au lecteur une idée du charme infini de la forêt moscovite.

Avec les groupes VIII et IX se termine la revue générale de la section russe à l'exposition de 1878. Après avoir ainsi étudié tour à tour les beaux-arts, l'enseignement et chacune des industries de l'empire, nous croyons qu'il n'est pas inutile de compléter ce travail en y ajoutant deux chapitres, l'un sur l'exposition d'anthropologie, l'autre [1] sur la législation qui régit en Russie la propriété industrielle ainsi que la propriété littéraire et artistique.

1. Ce dernier chapitre a été composé pour nous par M Ch. Fliniaux, avocat au Conseil d'État et à la Cour de Cassation. M. Fliniaux en a rédigé un semblable pour chacun des volumes de notre collection, et tous ces chapitres, spéciaux à chaque pays, précédés d'un travail particulier sur la législation française, ont été réunis en un volume intitulé : *Propriété industrielle et propriété littéraire et artistique en France et à l'étranger.*

LA RUSSIE A L'EXPOSITION D'ANTHROPOLOGIE

Nous avons plus haut exprimé le regret que la Russie n'eût pas fait figurer dans la section qu'elle occupe quelques mannequins représentant des types ou costumes populaires. L'exposition organisée au Trocadéro par la Société française d'anthropologie a donné aux savants russes l'occasion de combler dans une certaine mesure la lacune que nous signalions.

La Société française a réclamé le concours de la Société d'histoire naturelle, d'anthropologie et d'ethnographie qui existe depuis 1863 près l'Université de Moscou. La Société russe a répondu avec le plus vif empressement par l'envoi d'une partie de ses riches collections ; ces collections doivent fournir la matière d'une exposition anthropologique qui aura lieu à Moscou en 1879 et dont Paris a pour ainsi dire eu les prémices [1].

Les collections dont on peut étudier les échantil-

---

[1]. A défaut d'un catalogue spécial, M. Anoutchine, délégué de la Société russe, a bien voulu nous communiquer quelques notes d'après lesquelles ces pages ont été rédigées.

lons au Trocadéro peuvent se diviser en trois catégories essentielles :

1° Etude des races humaines (bustes, mannequins, masques, préparations anatomiques, photographies, etc.);

2° Archéologie préhistorique : modèles de *tumuli*, fac-similé de *kamennya baby* (nous expliquerons ce mot un peu plus loin,) armes, instruments et bijoux en pierre, en bronze, en fer, en or, en argent, trouvés dans les tombeaux ;

3° Objets ethnographiques : mannequins, costumes, etc., provenant en général du Turkestan.

A ces collections, qui appartiennent à la Société, il faut ajouter celles qui ont été envoyées par un archéologue russe distingué, M. Samokvasov, qui a particulièrement étudié la Russie méridionale et la Pologne ; les cartes envoyées par M. Rittich, et les tableaux statistiques présentés par M. Janson, professeur à l'Université de Saint-Pétersbourg.

Les mannequins représentent des types de l'Asie centrale et de l'Europe septentrionale (Samoïèdes et Lapons). Un Tsigane de Moscou et un Tatare de Kazan figurent également dans cette collection.

Les types du Turkestan, exécutés avec une rare fidélité, sont les suivants :

1° Un Kirghiz à âne portant des volailles au bazar de Turkestan ;

2° Une jeune fille Sarto, la figure à demi voilée;

3° Un *douvana* ou moine mendiant;

4° Un *mardeker*, ouvrier Sarte (les Sartes constituent l'une des populations de l'Asie centrale) ; sans entrer ici dans des détails ethnographiques, nous ne pouvons que renvoyer le lecteur au volume que nous avons récemment publié sous ce titre : *Recueil d'itinéraires et de voyages dans l'Asie centrale*, Paris, Leroux, 1868.

5° Un Persan (Iranien) de la province de Turkestan ;

6° Un Afghan ;

7° Un Hindou (consulter sur ces populations les itinéraires de l'Asie centrale).

Les mannequins suivants nous transportent dans un monde tout opposé : ils représentent des types de Lapons et de Samoïèdes, qui ont été plus d'une fois popularisés chez nous par la gravure.

Viennent ensuite deux Tsiganes de Moscou, l'un adulte, l'autre enfant : ils appartiennent à cette race mystérieuse connue sous les noms divers de Bohémiens, Zingaris, Gitanos, etc., dont les origines et la langue font le désespoir des ethnographes et des linguistes. La Russie en a envoyé cette année même à Paris une bande, dont les concerts ont été très-suivis. On sait que l'abbé Liszt a publié un travail détaillé sur les Bohémiens et leur musique.

Les Tatares de Kazan (deux mannequins) présentent un curieux échantillon de ce peuple, qui, après avoir dominé la Russie pendant une longue période du moyen âge, a été ensuite soumis par elle et entre peu à peu dans la civilisation européenne. Nous renvoyons le lecteur à ce qui a été dit plus haut dans la partie historique [1].

Trois bustes représentent des types de Lapons, et une trentaine de masques les types des diverses nationalités du Caucase.

La Société n'a exposé qu'un seul instrument de la science anthropologique : c'est un appareil photographique avec glaces à collodion sec qui permet de prendre les photographies en voyage sans avoir de liquides à manipuler.

Les squelettes exposés sont ceux d'une femme samoïède, d'une femme Aïno de l'île de Sakhalin (mer d'Okhotsk); il y a en outre un certain nombre de squelettes trouvés dans des tumuli de diverses parties de la Russie. Le professeur Zernov, de Moscou, a envoyé treize modèles en cire représentant toutes les variétés des circonvolutions et scissures du cerveau.

Le public trouvera un intérêt tout particulier aux reproductions des tumuli; ils sont représentés ouverts, avec le squelette entouré des bijoux, des armes ou des instruments déposés auprès de lui lors de son ensevelissement. On sait que l'étude rationnelle de ces tumuli a fait faire un grand pas à l'étude de l'archéologie, et qu'elle permet à l'histoire de pénétrer peu à peu dans des profondeurs qui semblaient naguère interdites à ses investigations. Tandis que l'anatomiste

---

[1]. Voir aussi *Études slaves*, par Léger. Paris, Leroux, 1876.

détermine l'âge, le sexe, la race peut-être du sujet, l'archéologue, en examinant et en classifiant les objets qui l'entourent, peut arriver à reconstituer les annales d'un peuple perdu ou d'une tribu ignorée. Les tumuli, sous le nom de *kourganes* ou de *mogily*, sont très-nombreux en Russie, et depuis un siècle environ on a commencé une série de fouilles qui a déjà livré d'inappréciables matériaux. Le comte Ouvarov, le plus acharné des archéologues russes, se vante d'avoir fouillé à lui seul plus de 15,000 tumuli. Il y a quelques années, le Congrès archéologique de Kiev a élaboré des règles précises sur l'art de fouiller les kourganes. Nous les donnons ici, afin de mieux faire comprendre le haut intérêt de ces recherches, qui ne semblent être pour le grand public qu'un divertissement lugubre d'amateur excentrique.

Ces instructions ont été rédigées sous la direction du professeur Samokvasov (celui-là même dont nous retrouvons ici les envois), du docteur Ivanovitch et du professeur Antonovitch, de Kiev.

DESCRIPTION DES KOURGANES

1. *Topographie*. — Indiquer la direction et la distance du kourgane à la localité la plus rapprochée ; énumérer les noms des villages et lieux voisins.

2. *Situation*. — Sur un endroit élevé ou en plaine. A quelle distance de l'eau la plus voisine.

3. Le nombre des kourganes réunis dans un endroit donné.

4. Situation et distance des kourganes les uns par rapport aux autres.

5. Circonférence des kourganes à leur base et hauteur approximative.

6. *Forme.* — Trouve-t-on au sommet une surface plane ou une cavité?

7. La base est-elle ou non entourée de pierres, de pierres plates ou de galets?

INSTRUCTION SUR LA MANIÈRE DE FOUILLER LES KOURGANES.

1. Tout kourgane, avant d'être fouillé, doit être décrit d'après les règles données dans l'instruction précédente.

2. Durant les fouilles, tenir un journal où l'on inscrit la description, les mesures, la marche des travaux, l'aspect des tombeaux, la position des squelettes, la liste des objets trouvés sur les squelettes et autour d'eux, le plan du kourgane, l'indication de la profondeur à laquelle les objets ont été trouvés. Tout kourgane dont les fouilles n'ont pas été consignées sur un journal peut être considéré comme perdu pour la science.

3. Tout kourgane destiné à être fouillé doit être mesuré : a, autour de la base ; b, dans son diamètre ; c, dans sa hauteur, ne fût-ce qu'approximativement.

Les kourganes formant groupe doivent être portés sur le plan et désignés chacun par un numéro.

4. Les fouilles des kourganes isolés ou en groupe doivent être commencées par une fouille d'essai près de la base du kourgane, pour déterminer la nature du terrain et sa densité.

5. Tous les kourganes isolés et deux ou trois dans chaque groupe doivent être fouillés par couches horizontales du sommet à la base.

6. Après avoir reconnu la constitution des sépultures dans un groupe donné par des fouilles horizontales, on peut continuer à creuser en puits; on commence par enlever le sommet du kourgane à environ un tiers de sa hauteur, et l'on creuse sur un diamètre égal à celui du kourgane à cette hauteur.

7. En creusant un kourgane, il est nécessaire d'avoir une sonde fine de fer ou d'acier, longue d'une archine [1] au maximum. Quand on approche d'un squelette, il faut avec la sonde déterminer son orientation, chercher le crâne et les os des jambes; puis à partir du crâne, dans la direction du squelette, il faut mesurer 2 archines 10 verchoks, et déterminer le squelette de telle sorte que l'on puisse laisser autour environ 1 tchetvert [2] de terre; en dehors de l'espace tracé, la terre doit être enlevée à 1 tchetvert au-dessous du squelette.

---

1. L'archine égale 71 centimètres; le verchok, 44 millimètres.
2. Le tchetvert égale 4 verchoks (environ 17 centimètres).

8. Le reste du travail doit être entrepris par l'archéologue seul, sans le concours des travailleurs. Il faut enlever avec soin la terre qui entoure le squelette, et si l'on découvre de menus objets, par exemple des perles de verre, la tamiser. Il faut dégager lentement tout le squelette sans en séparer les parties.

9. Dans la description du squelette, il faut indiquer l'orientation de la tête, la position des mains et des pieds et la grandeur du squelette.

10. Du squelette, si l'état des os le permet, il faut conserver le crâne, l'une des extrémités supérieures et inférieures et le bassin.

11. Les ornements et autres objets trouvés lors des fouilles doivent être inscrits sur le journal; on doit inscrire aussi quelle était leur situation relativement au squelette.

12. Si les fouilles révèlent dans le kourgane un cercueil de bois ou de pierre, il doit être mesuré avec exactitude et décrit en détail, avec l'indication des matériaux et du mode de construction; il faut conserver un morceau de bois du cercueil pour l'analyser. La position du squelette et les objets trouvés sont décrits, ainsi qu'il a déjà été dit. Ces règles s'appliquent aux chambres funéraires dans les kourganes.

13. Si la fouille préliminaire d'un kourgane révèle un groupe de kourganes à incinération, tous les kourganes de ce groupe doivent être fouillés par

couches. Dans la description des kourganes de ce
genre, il faut indiquer à quelle hauteur se trouve
l'urne funéraire, la grandeur du bûcher et la liste des
objets qu'on y a trouvés.

14. A quelque profondeur que l'on ait trouvé un
squelette ou d'autres objets, il ne faut pas cesser les
fouilles avant de s'être assuré que l'on a atteint le
tuf, c'est-à-dire une terre de même nature et de
même densité que celle qui faisait le fond de la fosse
d'essai.

15. Tous les objets trouvés doivent être numérotés
au numéro du kourgane où on les a trouvés, et
groupés suivant les numéros des kourganes.

Des objets qui ne manqueront pas d'attirer l'attention, ce sont les fac-simile de ces statues rudimen-
taires connues par les archéologues et par le peuple
sous le nom de *kamennya baby* (les bonnes femmes
de pierre). On en a déjà trouvé plus de 600 en Russie; beaucoup ont été détruites et leurs fragments
dispersés enfouis dans les fondations de maisons ou
des églises. On en trouve dans toute la Russie, depuis Moscou jusqu'à la Galicie d'une part, jusqu'à la
steppe kirghiz d'autre part : elles ne franchissent
pas les frontières de l'ancienne Pologne et semblent
représenter une civilisation particulière. On en a
trouvé jusqu'à 400 dans le seul gouvernement d'Eka-
terinoslave. Que représentent ces statues? A quel
culte faut-il les rattacher? Quel peuple les a taillées
dans la pierre, transportées peut-être à travers de

longs espaces, dans ces pays où la pierre est si rare ? La science n'a pas encore répondu à ces questions.

Les objets de l'âge de pierre, marteaux, haches, etc., sont fort nombreux. Signalons encore les bijoux de bronze et d'argent trouvés dans les tumuli (colliers, bracelets, bagues, boucles d'oreilles, pendeloques, etc.).

La collection du professeur Samokvasov ne comprend pas moins de 47 cartons, portant les objets de pierre, bronze, fer, etc., découverts dans les fouilles du savant et intrépide archéologue ; elle mérite toute l'attention des spécialistes.

Les cartes de M. Rittich ne sont pas moins intéressantes ; depuis plus de quinze ans, cet officier d'état-major s'est livré à l'étude de l'ethnographie de la Russie ; il a relevé la place, signalé l'importance numérique de chacun des groupes qui se partagent cet immense empire, tous également soumis au groupe grand-russe qui les domine. Sa grande carte ethnographique de la Russie d'Europe a été fort remarquée lors du Congrès géographique de Paris et a valu à son auteur une médaille de première classe. M. Rittich, dans une brochure publiée à l'occasion de l'Exposition universelle, résume ainsi le résultat de ses longs travaux :

« Ils démontrent, dit-il, que la branche aryenne compte en Russie, sans le Caucase et sans la Finlande, les 88,23 0/0 de la population, c'est-à-dire 69,788,240 habitants des deux sexes. De ce nombre, 82 0/0 sont de race slave, dont 75 0/0 de Russes. La branche sémitique forme les 3,69 0/0 de la population, la branche ouralo-altaïque ou finnoise les 3,62 0/0, la branche touranienne les 4,43 0/0. Des 17 familles de la branche ouralo-altaïque, les plus remarquables sont les Esthoniens (1,13 0/0) et les Morflouans (1,13 0/0), tandis que des dix familles de la branche touranienne les principales sont les Tartares (1,77 0/0) et les Tchouvaches (0,82 0/0). D'après le dénombrement par régions, nous voyons que la région septentrionale comprend 3 provinces avec une population de 86 0/0 de Russes; la région des côtes de la mer Baltique, 4 provinces, avec 40 0/0 de Russes; la région de la Russie occidentale, 9 provinces, avec 69 0/0 de Russes; la Nouvelle-Russie, 4 provinces, avec 68 0/0 de Russes; la Petite-Russie et le bassin du Don, 5 provinces, avec 98 0/0 de Russes; le bassin du Volga, 5 provinces, avec 65 0/0 de Russes; la région de l'Oural, 5 provinces, avec 74 0/0 de Russes; la Russie centrale, 16 provinces, avec 96 0/0 de Russes; le bassin de la Vistule, 10 provinces, avec 8 0/0 de Russes. Ajoutons à cela que la population se trouve le plus compacte dans la Russie centrale, où la race russe pure entre pour une forte proportion; cette proportion, plus faible dans la Nouvelle-Russie, devient tout à fait prédominante dans la Russie septentrionale. Dans la partie occidentale de l'empire, la race russe se trouve mêlée à 12 0/0 de Lithuaniens, 11 0/0 de Juifs et 6 0/0 de Polonais. Beaucoup de Turcs et de Finnois sont encore restés disséminés par groupes dans toute l'étendue du bassin du Volga. La région la plus intéressante est celle de la Nouvelle-Russie ; là, en effet, il s'est opéré comme une sorte de fusion de quantité de peuples venus de toutes les contrées du globe, entre autres des Russes arrivés du nord, des Arméniens de l'est, des Grecs du sud, des Allemands de l'ouest, et une foule de variétés ethnographiques qui ont pris pied sur les rivages de la mer Noire, comme un résidu que le flux a jeté sur la côte.

« De cet amalgame de races diverses est sorti un nouvel homme russe qui ressemble beaucoup à l'Américain par son caractère entreprenant et son tempérament fougueux, comme par son type méridional et sa manière originale d'envisager les choses. Ce jeune peuple a en perspective un avenir plein de promesses ; il a même déjà devancé son ancêtre historique, le Grand-Russien. Ce dernier, grâce à la facilité des communications, se porte en masse vers le midi, où la population devient ainsi chaque année plus compacte et plus nombreuse. En revanche, la race russe, dans les provinces baltiques, tend peu à peu à être réduite à son minimum numérique par l'accroissement continuel des races lithuanienne et finnoise et du nombre des étrangers qui affluent dans la capitale. Sur la rive gauche de la Vistule, les Polonais, étant chez eux, ne peuvent faire autrement que l'emporter.

« Un travail semblable montra clairement pourquoi

l'on avait pu considérer comme une preuve de faiblesse pour l'Etat cet amalgame de nationalités dont se composait la population de l'empire russe. C'est qu'on se basait sur le nombre des différentes nationalités et non sur leur importance numérique. Or, ces peuplades, comme nous avons dû le voir, sont trop insignifiantes par la quantité de leurs représentants, pour avoir une telle influence sur la force de l'empire ; en outre, elles ont été, au moyen des écoles, tellement assimilées à la race russe, qu'elles ont plutôt été utiles à l'Etat, en aidant au développement du pays. »

M. Rittich a le droit d'être fier de son œuvre ; il est à souhaiter que sa grande carte ethnographique soit prochainement traduite en français et entre réellement dans le domaine public européen.

L'exposition anthropologique russe comprend en outre un grand nombre de publications dont le détail nous entraînerait beaucoup trop loin.

La Russie n'est pas représentée dans l'exposition des arts rétrospectifs ; la Finlande a envoyé dans la galerie du Trocadéro une série de mannequins représentant des types populaires fort habilement exécutés et groupés avec un goût exquis.

CHAPITRE COMPLÉMENTAIRE

SUR LA LÉGISLATION QUI RÉGIT EN RUSSIE LA PROPRIÉTÉ INDUSTRIELLE ET LA PROPRIÉTÉ LITTÉRAIRE ET ARTISTIQUE.

PROPRIÉTÉ INDUSTRIELLE

I. — BREVETS D'INVENTION.

Législation. — Les lois sur les brevets d'invention portent les dates du 22 novembre 1833 et du 23 octobre 1840.

Forme des brevets. — C'est un acte délivré par le ministre des finances au nom du gouvernement.

Depuis 1867, les brevets accordés à Varsovie pour les provinces polonaises sont remplacés par les brevets délivrés conformément à la loi de l'empire.

Leur nature. — Les brevets peuvent être accordés non-seulement aux nationaux, mais encore aux étrangers.

On reconnaît trois sortes de brevets : le brevet d'invention ou de perfectionnement, le brevet d'importation et le brevet d'introduction.

Le premier peut être accordé « pour toute découverte, invention ou perfectionnement d'un objet quelconque d'utilité publique ou d'un procédé de fabrication dans les arts, les métiers et les manufactures. »

Le second est délivré même à d'autres qu'aux inventeurs pour des inventions ou perfectionnements faits dans d'autres pays et qui y sont protégés par des brevets non encore expirés.

Le troisième n'est accordé que pour les inventions d'une utilité exceptionnelle qui sont connues en pays étranger sans y avoir fait l'objet d'un brevet.

Il n'est point donné de brevet pour de simples principes dont il n'a point été fait application à un objet industriel et pour les découvertes insignifiantes.

Aux termes d'un ukase du 22 avril 1863, il n'en est point accordé non plus pour les inventions se rattachant à la guerre et à la défense du sol, engins d'artillerie, blindages de navires, tourelles, etc., dont l'usage exclusif est réservé au gouvernement. Quant aux armes à feu et munitions susceptibles d'un usage privé, elles peuvent faire l'objet d'un brevet, mais à la condition que les administrations de l'armée et de la marine puissent employer l'invention aux usages militaires.

Garantie. — Le gouvernement ne garantit point que la découverte, l'invention ou le perfectionnement appartienne réellement à la personne qui l'a présenté, et n'affirme ni son utilité ni son succès. Toute personne peut prouver que la découverte, l'invention ou le perfectionnement lui appartient ou avait déjà été connu et pratiqué avant la concession du privilége.

Mais, tant que cette preuve n'est faite en justice, le breveté jouit exclusivement de ce privilége, il peut le céder et poursuivre judiciairement les contrefacteurs.

Le brevet, bien que délivré sans garantie du gouvernement, n'est accordé qu'après examen par le Conseil des manufactures, dans le but d'apprécier, s'il n'a pas été déjà accordé un privilége pour le même objet à une autre personne, si l'objet est décrit avec la précision nécessaire, s'il est susceptible de produire des résultats utiles, enfin si l'invention ne peut être nuisible à la santé et à la sécurité publiques.

Dans le cas où l'invention se rapporte à l'agriculture, l'examen de la demande a lieu par les autorités de l'administration agricole.

Durée. — Les brevets d'invention sont accordés pour trois, cinq ou dix ans au plus, au choix de l'inventeur, mais sans prolongation possible après le choix opéré. La durée part du jour de la délivrance, quoique la priorité soit acquise du jour du dépôt.

Les brevets de perfectionnement, s'ils sont demandés par l'inventeur, doivent avoir une durée au moins égale au privilége principal, sans toutefois le prolonger. S'ils sont demandés par un tiers, ils ne peuvent être accordés avant l'expiration du brevet principal sans le consentement de l'inventeur primitif, et pour une durée au plus égale à la moitié du temps concédé à celui-ci.

Les brevets d'importation sont assimilés, quant à la durée, aux brevets d'invention lorsqu'ils sont importés par l'inventeur lui-même; mais cette durée ne peut dépasser celle qui lui a été concédée en pays étranger. S'ils sont accordés à un autre qu'à l'inventeur, ils ne peuvent dépasser le terme du temps accordé à l'inventeur lui-même, et dans tous les cas six années.

La règle est la même pour les brevets d'introduction.

Taxe. — Une taxe doit être payée préalablement à la demande.

Pour les inventions en perfectionnements personnels elle est, pour trois ans, de 90 roubles (360 fr.); pour 5 ans, de 150 roubles; pour dix ans, de 450 roubles.

Pour l'introduction d'inventions étrangères, elle est pour un an de 60 roubles, et d'autant par chaque année suivante, soit pour six ans 360 roubles (1,440 fr.).

Dans le cas où le brevet est refusé, la taxe doit être remboursée sans aucune retenue, d'après la loi; mais en réalité il est perçu le plus souvent de 40 à 50 roubles pour frais d'administration.

Formalités. — La demande doit être adressée au département des manufactures et du commerce intérieur ; elle doit être rédigée en langue russe et contenir, outre les noms et domicile de l'inventeur, la désignation du terme du privilège demandé, l'énonciation de son utilité, la description de l'objet pour lequel il est demandé avec les plans et dessins explicatifs.

Il faut y joindre la quittance du payement de la taxe, correspondant à la durée demandée.

Un certificat de réception est délivré au pétitionnaire avec indication de la date et de l'heure où le dépôt a été effectué.

Si le brevet est refusé par le conseil des manufactures, les motifs de refus sont indiqués, et, s'ils consistent dans l'insuffisance de la description, de nouveaux éclaircissements peuvent être présentés par l'inventeur.

Publicité. — La description du brevet est publiée en entier dans les journaux du ministère auquel il correspond et en substance dans les nouvelles du sénat et dans les feuilles publiques des deux capitales.

Cession. — Les brevets peuvent être cédés en totalité ou en partie à condition de notification au département des manufactures.

La cession ne peut être faite à une compagnie par actions sans autorisation du gouvernement.

Nullité. — Il y a nullité du brevet : lorsqu'il est prouvé judiciairement qu'avant la demande l'invention, avait déjà été introduite en Russie ou exposée dans une description suffisante pour la mettre en pratique ; lorsque l'invention était déjà employée sans privilége ; lorsque le breveté n'est pas le véritable inventeur ; lorsque la description est reconnue fausse.

Déchéance. — L'inventeur est déchu de son droit s'il n'a pas mis en exploitation sa découverte avant l'expiration du quart de la durée accordée à son brevet.

Contrefaçon. — Le breveté a le droit de poursuivre judiciairement les contrefacteurs et de demander une indemnité pour le dommage causé.

II. — Dessins et modèles de fabrique

Documents législatifs. — Les dessins et modèles de fabrique sont réglémentés par la loi du 11 juillet 1864.

Il n'y a pas en cette matière de convention avec la France ; mais la loi accorde les mêmes garanties aux étrangers qu'aux nationaux.

Nature du droit. — Le privilége est accordé à l'inventeur ou au propriétaire d'un dessin ou d'un modèle destiné à la reproduction dans les fabriques, usines et autres ateliers industriels.

Les dessins ou modèles faits sur commande du fabricant sont ordinairement considérés comme étant la propriété du dernier.

Durée. — La durée varie de un à dix ans, au choix du demandeur.

Taxe. — Les droits perçus par l'Etat sont de 50 kopecks (2 fr.) par an, payables lors du dépôt pour toute la durée demandée.

Formalités. — L'inventeur ou propriétaire doit, pour obtenir le privilége, déposer avant l'exploitation un exemplaire du dessin ou un dessin du modèle en double expédition au ministère des finances à Moscou ou à Saint-Pétersbourg (section des manufactures et du commerce) ; une demande de certificat est jointe au dépôt.

La demande est transcrite sur un registre. Au certificat délivré est joint un des exemplaires du dessin sur lequel on a inscrit, avant la signature ministérielle et le sceau du gouvernement, le numéro du registre, les noms et adresse de l'inventeur ou propriétaire, la date du dépôt et la durée du privilége. — L'autre exemplaire reste au ministère, revêtu des mêmes indications.

Publicité. — Les dessins sont communiqués au public à Moscou un an après le dépôt ; ils peuvent sur demande être tenus secrets pendant trois ans au plus.

Cession. — Il doit être donné avis de la cession à la section des manufactures à Saint-Pétersbourg ou à

Moscou, suivant le lieu où a été fait le dépôt. Cette déclaration est enregistrée et en outre spécifiée sur les exemplaires déposés.

Nullité. — Sont nuls de plein droit les dessins ou modèles qui ne sont pas nouveaux, soit qu'ils reproduisent totalement ou partiellement un dessin ou modèle déjà déposé, soit qu'ils aient été imités d'un produit étranger livré au commerce.

Tous les ouvrages qui reproduisent le dessin ou modèle privilégié doivent porter d'une façon apparente une *marque de fabrique* conforme au modèle arrêté par le ministre des finances et indiquant la date de l'expiration du privilège.

Pénalités. — Le fabricant peut poursuivre les contrefacteurs et les faire condamner à des dommages-intérêts, sans préjudice d'une amende de 50 à 200 roubles (200 à 300 francs).

III. — Marques de fabrique.

Documents législatifs. — Les marques de fabrique sont réglementées par la loi du 11 juillet 1804, les ordonnances de police de 1832 (liv. 1, tit. 1) et les articles 1665 à 1660, 1671 à 1675 du Code pénal russe, édition de 1866.

Des conventions internationales ont été conclues avec la France le 2 juin 1857, le 6 mai 1870 et renouvelées le 1er avril 1874 et le 10 août 1877 (*Voir* § IV).

Nature de la marque. — Elle peut consister en étiquettes, vignettes ou empreintes, ou en tout autre signe distinctif ou emblématique.

Elle ne doit pas ressembler à une autre marque déjà déposée ; autrement le dépôt peut être refusé.

La marque est obligatoire sur les produits faits sur dessin ou modèle breveté.

Durée. — Le privilége résultant du dépôt est illimité ; mais, pour les étrangers, il n'existe qu'un cas de réciprocité dans le pays d'origine ou conformément aux traités de commerce.

Taxe. — Le dépôt est soumis à une taxe fixe de 25 roubles (100 fr.).

Formalités. — Le dépôt doit être fait au ministère des finances à Saint-Pétersbourg (section du commerce et des manufactures).

La demande doit contenir une description de la marque et la désignation des produits ou marchandises sur lesquelles elle doit être appliquée. Il faut y joindre trois expéditions des marques, dont une est annexée à la demande.

Le dépôt peut être fait par un mandataire muni d'un pouvoir légalisé.

Après l'enregistrement du dépôt, un récépissé est remis au déposant avec l'une des trois expéditions de la marque, pour lui servir de titre.

Contrefaçon. — La loi punit non-seulement celui qui a usurpé la marque déposée, mais elle s'applique à la circulation et à la vente des produits revêtus de cette marque.

Pénalité. — Le contrefacteur est puni des peines portées contre le faux. Des dommages-intérêts peuvent être accordés au fabricant, et les produits contrefaits lui sont adjugés, lorsqu'une marque russe a été apposée sur des marchandises étrangères ou que des produits russes ont été revêtus de faux plombs de la douane, afin de les faire passer pour des produits étrangers, les marchandises sont confisquées sans préjudice de l'amende encourue.

IV. — Convention internationale franco-russe relativement aux marques de fabrique.

Les relations entre la France et la Russie relativement aux marques de fabrique sont réglées par le traité de commerce du 1ᵉʳ avril 1874 (art. 20), qui continue à être en vigueur d'année en année depuis le 10 août 1877 jusqu'à ce qu'il ait été dénoncé un an à l'avance.

Contrefaçon. — Toute reproduction, dans l'un des deux États, des marques de fabrique et de commerce apposées dans l'autre sur certaines marchandises pour constater leur origine et leur qualité, de même que toute mise en vente ou en circulation de produits revêtus de marques de fabrique ou de commerce françaises ou russes, contrefaites en tout pays étranger, sont sévèrement interdites sur le territoire des deux États et passibles des peines édictées par les lois du pays.

Les opérations illicites mentionnées au présent article peuvent donner lieu, devant les tribunaux et selon les lois du pays où elles ont été constatées, à une action en dommages-intérêts valablement exercée par la partie lésée envers ceux qui s'en sont rendus coupables (*art.* 20).

Dépôt. — Les nationaux de l'un des deux États qui veulent s'assurer dans l'autre la propriété de leurs marques de fabrique ou de commerce sont tenus de les déposer exclusivement, savoir : les marques d'origine française à Saint-Pétersbourg, au département du commerce et des manufactures, et les marques d'origine russe à Paris, au greffe du tribunal de commerce de la Seine.

En cas de doute ou de contestations, il est entendu que les marques de fabrique ou de commerce auxquelles s'applique le présent article sont celles qui, dans chacun des deux États, sont légitimement acquises, conformément à la législation de leur pays, aux industriels et négociants qui en usent (*art.* 20).

PROPRIÉTÉ LITTÉRAIRE ET ARTISTIQUE

I. — ŒUVRES LITTÉRAIRES.

La propriété littéraire est régie pour le registre des lois civiles, par le Code pénal de 1832 et les ukases du 26 janvier 1846 et du 7 mai 1857.

Durée du droit. — Les auteurs conservent pendant leur vie la propriété de leurs œuvres. La durée du droit des héritiers ou cessionnaires, qui variait autrefois de 25 à 35 ans, a été portée, par l'ukase de 1857, à 50 ans à partir du décès de l'auteur.

Pour les ouvrages posthumes, ce délai de cinquante ans ne commence à courir qu'à partir de la première publication.

Les sociétés savantes ont un droit exclusif de reproduction pendant 50 ans à partir de leurs publications.

Nature de l'œuvre. — Parmi les œuvres de littérature sont compris les discours et leçons orales.

On ne peut reproduire un ouvrage par extraits, alors même qu'on y ajouterait des notes ou explications, excepté en ce qui concerne les livres d'étude.

Les traductions d'ouvrages nationaux ou étrangers donnent un droit de propriété au traducteur; les traductions d'ouvrages même imprimés en Russie sont autorisées au préjudice de l'auteur; par exception, les auteurs d'ouvrages scientifiques ayant nécessité des recherches peuvent se réserver le droit exclusif de traduction, à la condition de faire connaître cette réserve lors de la première publication et d'en user dans les deux ans à compter du jour où la cession a autorisé la vente de l'ouvrage original.

Les lettres intimes sont considérées comme étant la propriété indivise de celui qui les a envoyées et de celui qui les a reçues, et par suite elles ne peuvent être publiées sans leur consentement mutuel.

La mise au jour des œuvres d'antiquité nationale, telles que légendes, contes, proverbes et chants nationaux, ne reçoit protestation que pour une édition s'il ne s'agit que de la reproduction d'un manuscrit; mais, si l'antiquaire a recueilli la tradition orale, il a les mêmes droits que les auteurs.

Cession. — Tous les actes relatifs à la cession totale ou partielle doivent être rédigés par écrit.

La cession faite par l'auteur à un éditeur ne comprend, à moins de stipulation contraire, qu'une seule édition; cinq ans après que la censure a autorisé la vente de cette édition, il peut, ainsi que ses héritiers, en publier une autre; il a même le droit de faire une nouvelle édition avant les cinq ans s'il a fait à son livre des additions ou changements équivalant au moins aux deux tiers de l'ouvrage.

L'insertion, dans les journaux ou revues, d'articles plus ou moins étendus ne prive pas l'auteur du droit de publier son œuvre séparément, s'il ne s'est formellement engagé à ne pas le faire.

Les manuscrits ne peuvent être saisis par les créanciers.

Enregistrement. — Les auteurs d'œuvres littéraires ne sont pas soumis au dépôt de l'ouvrage pour la conservation de leurs droits, mais à un enregistrement sur un registre spécial.

Contrefaçon. — C'est la chambre civile ou le tribunal de même degré du gouvernement où le défenseur est domicilié qui est compétent pour juger les contrefaçons, à moins que les parties n'acceptent un tribunal arbitral.

Les poursuites ne peuvent être exercées que sur la plainte de la partie lésée; cette plainte ne peut être formée que dans les deux ans à partir de la contrefaçon, et dans les quatre ans si le plaignant réside en pays étranger.

Pénalités. — Outre la confiscation, des dommages-intérêts peuvent être accordés au plaignant.

Celui qui est coupable de fraude pour avoir publié sous son nom l'ouvrage d'autrui ou pour avoir vendu à plusieurs personnes un manuscrit où le droit de l'éditer, pouvait être, d'après l'article 742 du Code pénal de 1832, condamné, indépendamment de l'indemnité civile, à la privation des droits civiques, à la fustigation et à la déportation en Sibérie ; le Code pénal de 1857 n'a pas reproduit cette disposition. La plainte doit être formée dans les deux ans à peine de déchéance.

II. — Œuvres dramatiques et musicales

Publication. — Les règles relatives à la publication des œuvres dramatiques et musicales sont les mêmes que pour les œuvres littéraires proprement dites.

Une composition musicale ne peut être arrangée ou même adaptée à un autre instrument sans le consentement de l'auteur.

Représentation. — Le droit de représentation n'est point réglementé, et la convention internationale conclue avec la France n'en fait point non plus mention.

III. — Œuvres d'art.

Les lois qui régissent les œuvres d'art sont celles indiquées pour les œuvres littéraires.

Nature de l'œuvre. — Les tableaux, dessins, gravures, cartes, statues et objets artistiques conférent les mêmes droits que les œuvres littéraires.

Les plans des architectes sont également leur propriété, et l'on ne peut construire un édifice ou une façade sur le modèle d'une autre maison.

Reproduction. — Les tableaux ne peuvent être ni reproduits par le même procédé, même lorsqu'on n'en extrait que des groupes, des têtes, des détails de paysage, ni copiés par le dessin et par la gravure.

Les œuvres de sculpture ne peuvent être reproduites par la fonte, le marbre ni sur une médaille, ni par la gravure, mais seulement lorsque la reproduction est de la même grandeur que l'original; un sculpteur ne peut prendre également à une œuvre de sculpture des groupes, des têtes et ornements pour les faire entrer dans une composition nouvelle.

Toutefois une œuvre de sculpture peut être reproduite par la peinture et réciproquement.

Quant aux productions artistiques dont le gouvernement s'est rendu acquéreur ou qu'il a fait exécuter pour des palais, églises, ou établissements publics, elles peuvent être copiées sans le consentement de l'auteur par un procédé quelconque.

On peut aussi reproduire les œuvres d'art pour les appliquer à des produits industriels, soit par la peinture, le dessin ou leurs analogues, soit en impressions sur étoffes, soit par l'industrie textile (loi du 11 juillet 1864 sur les dessins de fabrique).

Les portraits et tableaux de famille ne peuvent être

reproduits par l'artiste lui-même que du consentement de la personne ou de ses héritiers.

Cession. — Tous les actes de cession doivent être passés par écrit. A la mort de l'artiste, le cessionnaire ou légataire du droit de reproduction d'une ou de plusieurs des œuvres est tenu, pour avoir les droits des héritiers légitimes, de leur donner avis de la cession dans l'année du décès et, s'il réside en pays étranger, dans les deux ans.

Lorsqu'un artiste cède ou lègue par testament le droit de propriété artistique ou l'une de ses œuvres, ce droit passe complètement à l'acquéreur et à ses héritiers légitimes ; mais, s'il s'agit d'une œuvre qui puisse être reproduite dans un recueil complet, l'artiste conserve néanmoins le droit de l'y insérer.

Les œuvres d'art peuvent être vendues aux enchères pour le payement des dettes de l'artiste, mais en ce cas le droit de propriété artistique ne passe pas aux acquéreurs.

Enregistrement. — Pour conserver le droit de reproduction de leur œuvre, les artistes doivent, avant de la présenter au public, la faire connaître au tabellion du district, qui en fait sur ses registres une description détaillée, puis envoyer l'extrait du registre dûment certifié à l'Académie des beaux-arts, qui fait publier avis de cette communication par la voie des journaux aux frais du requérant.

IV. — Convention internationale franco-russe relative a la propriété littéraire et artistique.

Une convention du 6 avril 1861 a été conclue pour six années; mais elle reste en vigueur jusqu'à ce qu'elle ait été dénoncée un an à l'avance.

En voici l'analyse détaillée :

Droit des auteurs. — Les auteurs d'œuvres d'esprit ou d'art, auxquels les lois de l'un des deux États garantissent actuellement ou garantiront à l'avenir le droit de propriété ou d'auteur, ont la faculté d'exercer ce droit sur le territoire de l'autre État de la même manière et dans les mêmes limites que s'exercerait, dans cet autre État, le droit attribué aux auteurs d'ouvrages de même nature qui y seraient publiés.

La réimpression et la reproduction illicite ou contrefaçon des œuvres publiées primitivement dans l'un des deux États sont assimilées dans l'autre à la réimpression et à la reproduction illicite d'ouvrages dont les auteurs appartiennent à ce dernier. Toutes les lois, ordonnances, règlements et stipulations existant ou qui pourraient par la suite être promulgués au sujet du droit exclusif de publication des œuvres littéraires et artistiques, sont, en tant qu'il n'y est pas dérogé par la convention, applicables à cette contrefaçon.

Mais les droits à exercer réciproquement dans l'un

ou dans l'autre Etat, relativement aux ouvrages ci-dessus mentionnés, ne peuvent être plus étendus que ceux qu'accorde la législation de l'Etat auquel appartiennent les auteurs ou ceux qui les remplacent à titre de mandataires, d'héritiers, de cessionnaires, de donataires ou autrement (*art.* 1).

Les mandataires héritiers ou ayants cause des auteurs jouissent des mêmes droits que ceux accordés aux auteurs par la convention (*art.* 2).

La mise en vente de toute œuvre reconnue, dans l'un ou l'autre des deux Etats, pour une reproduction illégale ou contrefaçon d'un ouvrage jouissant du privilége de protection, est interdite, sans qu'il y ait à distinguer si cette contrefaçon provient de l'un des deux Etats ou de tout autre pays. — Toutefois la convention ne fait point obstacle à la vente des réimpressions ou reproductions qui auraient été publiées dans chacun des deux Etats ou qui auraient été introduites dans l'autre dans l'année qui a suivi la signature de la convention (*art.* 7).

Durée des droits. — Le droit de propriété littéraire ou artistique des Français dans l'empire de Russie, et des sujets russes en France, dure, pour les auteurs, toute leur vie, et se transmet pour vingt ans, à leurs héritiers directs ou testamentaires, et pour dix ans à leurs héritiers collatéraux.

Les termes de vingt ans et de dix ans sont comptés depuis l'époque du décès de l'auteur (*art.* 4).

Formalités. — Les auteurs ou traducteurs doivent établir, au besoin, par un témoignage émanant d'une autorité publique, que l'ouvrage en question est une œuvre originale qui, dans le pays où elle a été publiée, jouit de la protection légale contre la contrefaçon ou reproduction illicite.

La preuve de la propriété, pour toute œuvre d'esprit ou d'art, résulte toujours de plein droit, pour les ouvrages publiés en France, d'un certificat délivré par le bureau de la librairie au ministère de l'intérieur à Paris, ou par le secrétariat de la préfecture dans les départements; et, quant aux ouvrages publiés en Russie, la preuve de la propriété résulte, de plein droit, d'un certificat délivré, pour les œuvres littéraires, scientifiques ou dramatiques, par l'autorité chargée de la censure des livres, et pour les œuvres artistiques, si elles sont publiées dans l'empire, par l'Académie impériale des beaux-arts à Saint-Pétersbourg, et, si elles sont publiées dans le royaume de Pologne, par l'École des beaux-arts à Varsovie.

Pour être reconnus valables dans l'un ou dans l'autre des deux États, les certificats dont il est fait mention dans le présent article doivent être légalisés sans frais par les agents diplomatiques ou consulaires respectifs (*art.* 3).

Nature de l'œuvre. — Sont compris sous la dénomination d'œuvres d'esprit ou d'art les livres, écrits, œuvres dramatiques, compositions musicales, tableaux, gravures, plans, cartes géographiques, lithographies et dessins, travaux de sculpture et autres productions scientifiques, littéraires ou artistiques, que ces œuvres soient publiées par des particuliers ou par une autorité publique quelconque, par une académie, une université, un établissement d'instruction publique, une Société savante ou autre (*art. 2*).

Traductions. — Sont expressément assimilées aux ouvrages originaux les traductions faites dans l'un des États d'ouvrages nationaux ou étrangers. Cette disposition a seulement pour but de protéger le traducteur par rapport à sa propre traduction, et non de conférer le droit exclusif de traduction au premier traducteur d'un ouvrage quelconque (*art. 3*).

Articles de journaux. — Les articles extraits des journaux ou recueils périodiques, publiés dans l'un des deux pays, peuvent être reproduits dans les journaux ou recueils périodiques de l'autre pays, pourvu que l'on indique la source à laquelle on les a puisés.

Toutefois, cette permission ne s'étend pas à la reproduction, dans l'un des deux pays, des articles de journaux ou de recueils périodiques publiés dans l'autre, lorsque les auteurs ont formellement déclaré dans le journal, ou le recueil même où ils les ont fait paraître, qu'ils interdisent la reproduction. Dans aucun cas, cette interdiction ne peut atteindre les articles de discussion politique (*art. 5*).

Contrefaçon. — En cas de contravention et de poursuite en dommages-intérêts, il est procédé, dans l'un ou l'autre Etat, conformément à ce qui est ou serait prescrit par les législations respectives, et les tribunaux compétents appliquent les peines déterminées par les lois en vigueur; le tout de la même manière que si l'infraction avait été commise au préjudice d'un ouvrage ou d'une production d'origine nationale (*art.* 6).

Surveillance de l'État. — Les dispositions de la convention ne portent, en quoi que ce soit, préjudice au droit qu'a chacun des États de permettre, de surveiller ou d'interdire, par des mesures législatives ou administratives, la circulation ou l'exposition de tout ouvrage ou production, et aussi de prohiber l'importation, sur leur territoire, des livres que la législation intérieure ou des traités avec d'autres États feraient entrer dans la catégorie des reproductions illicites (*art.* 9).

Douane et transit. — Aussi longtemps que les livres publiés en France seront admis libres de tout droit de douane dans les Etats russes, tous les ouvrages indistinctement publiés en Russie, de même que la musique, les gravures, les lithographies et les cartes géographiques, sont admis également libres de tout droit de douane sur le territoire français.

TABLE DES MATIÈRES

	Pages
Avant-propos	1
Introduction sur le gouvernement et la statistique	1

PREMIÈRE PARTIE

LA RUSSIE

Aperçu général de l'histoire de Russie	13
I. Origines de la Russie. Les Varègues. Novgorod. Kiev. Saint Vladimir	13
II. La Russie de Souzdal, de Vladimir et de Moscou. Invasion des Tatares	15
III. Suprématie de Moscou. Destruction de la domination tatare	18
IV. La Russie pendant la période tatare	21
V. La Russie moscovite. Ivan le Terrible. Conquête de Kazan, d'Astrakhan et de la Sibérie	23
VI. La période des troubles. Les faux Dmitri. Avénement de Michel Romanov	27
VII. Les premiers Romanov. Acquisition d'une partie de la Petite-Russie. Le Raskol	30
VIII. La Russie avant Pierre le Grand	32
IX. Pierre le Grand. Ses réformes ; ses guerres ; conquête des provinces baltiques ; fondation de Saint-Pétersbourg	34

TABLE DES MATIÈRES

X. Les successeurs de Pierre le Grand.................. 39
XI. Catherine la Grande. Guerre contre la Turquie. Partage de Pologne. Progrès de l'administration, des lettres et des arts.................... 42
XII. Paul Ier. Lutte contre la révolution française. Alexandre Ier. Traité de Tilsit. Invasion de la Russie. Défaite de Napoléon.................. 49
XIII. Nicolas. Insurrection de décembre. Guerre de Perse et de Turquie. La Grèce affranchie. Intervention en Hongrie. La guerre de Crimée.............. 56
XIV. Alexandre II. Émancipation des serfs. Insurrection polonaise. Conquêtes en Sibérie, au Caucase et dans l'Asie centrale. Progrès de l'esprit libéral en Russie.................................... 64
Tableau chronologique des principaux événements de l'histoire russe................................. 75
Description géographique de la Russie................. 81

DEUXIÈME PARTIE

LA RUSSIE A L'EXPOSITION DE 1878

Plan général de l'Exposition............................ 117
Façade nationale de la Russie.......................... 131
Groupe I.   Beaux-arts................................. 135
Groupe II.   Éducation et enseignement. Matériel et procédés des arts libéraux................. 143
Groupe III. Mobilier et accessoires.................... 157
Groupe IV.   Tissus, vêtements et accessoires.......... 167
Groupe V.   Industries extractives. Produits bruts et ouvrés................................... 176
Groupe VI.   Outillage et procédés des industries mécaniques................................ 193
Groupe VII. Produits alimentaires..................... 215
Groupes VIII et IX. Agriculture et horticulture........ 224
Chapitre complémentaire sur la législation qui régit en Russie la propriété industrielle et la propriété littéraire et artistique............... 241

COULOMMIERS. — Typog. ALBERT PONSOT et P. BRODARD.

www.ingramcontent.com/pod-product-compliance
Lightning Source LLC
Chambersburg PA
CBHW070545160426
43199CB00014B/2372